LA
BIBLE DE LA MÉDITATION

LA
BIBLE DE LA MÉDITATION

GUIDE DÉTAILLÉ DES MÉDITATIONS

Madonna Gauding

TROISIÈME ÉDITION

Guy Trédaniel Éditeur
19, rue Saint-Séverin
75005 Paris

Dans la même collection :

© Guy Trédaniel Éditeur
pour la traduction française, 2005, 2007, 2010

www.editions-tredaniel.com
info@guytredaniel.fr

Imprimé en Chine
ISBN : 978-2-8132-0152-2

Titre original : THE MEDITATION BIBLE
Traduit de l'anglais par Antonia Leibovici
Copyright © Octopus Publishing Group 2005
Texte copyright © Madonna Gauding 2005

Sommaire

PREMIÈRE PARTIE

AVANT DE COMMENCER

INTRODUCTION

Si vous débutez à la méditation, vous serez à l'aise. Si vous êtes expérimenté, vous trouverez là une inspiration nouvelle. Quel que soit votre niveau, ce livre vous offre une large gamme de méditations simples, efficaces, pour enrichir votre vie quotidienne et approfondir votre pratique spirituelle. Toutes sont clairement expliquées et accompagnées d'indications faciles à suivre.

Chaque entrée du répertoire comporte une brève explication et une présentation de ses bénéfices spécifiques, suivies de quelques détails. Le déroulement pas à pas de la méditation, y compris le meilleur moment pour pratiquer et la façon de s'y préparer, sont entourés d'un cadre de couleur.

Le livre est organisé selon l'aide que peuvent apporter les méditations. Par exemple, les méditations pour calmer et centrer sont présentées au premier chapitre. Ces pratiques diminuent le degré de stress et vous aident à vous sentir équilibré et centré dans votre corps et votre mental. Si vous avez eu une journée difficile au travail ou si vous vous sentez quelque peu submergé par vos enfants, votre épouse et les listes de choses à faire, ces méditations vous permettront de retrouver le calme et la raison. Avant tout, une brève introduction vous présentera la méditation du souffle, enseignée en premier par le Bouddha, il y a 2 500 ans. Cette forme ancienne de méditation est un formidable point de départ si vous êtes débutant. Très puissante et efficace, la méditation du souffle est le point de départ de la plupart des autres méditations exposées ici.

L'introduction est suivie par les méditations pour vivre en faisant attention, à soi et aux autres. Si vous êtes distrait et déphasé, si vous faites trop de choses à la fois, celles-ci vous aideront à devenir plus attentif à vos actions et pensées. Méditer en faisant la vaisselle vous enseignera comment prêter attention au moindre détail d'une tâche. Apprendre à ralentir et à pratiquer l'attention enrichit votre vie, ce qui vous rend plus productif.

Vient ensuite le côté outil très puissant de la méditation, capable de soigner le corps, l'esprit et l'âme. Vous apprendrez à utiliser le pouvoir de visualisation pour favoriser la guérison et prévenir la maladie. Si vous vous efforcez de vaincre les dépendances, si vous masquez une blessure d'enfance qui n'est toujours pas cicatrisée ou si vous souffrez de dépression, une grande diversité de méditations sont disponibles pour le voyage curatif. Essayez de méditer sous un vieil arbre pour rétablir votre santé physique ou tentez de visualiser le Bouddha sous son aspect féminin, Tara, qui guérit les peurs et confère la longévité.

Vous comprendrez que la méditation ne consiste pas seulement à s'asseoir sur un coussin – vous pouvez méditer en vous déplaçant, en traversant un labyrinthe, en tournant comme un derviche, en balayant. Vous apprendrez comment transformer toutes ces actions en méditations visant à améliorer votre vie et à approfondir votre spiritualité. Si vous êtes un mollasson qui passe tout son temps devant la télé, ce chapitre vous concerne.

Tout le monde veut être affectueux et compatissant, mais cela exige de l'effort et de la pratique. Les méditations pour l'amour et la compassion intègrent ces concepts à votre conscience et vous aident à les faire se manifester dans la vie quotidienne. La très puissante pratique bouddhique tibétaine du *tonglen* génère l'amour et la compassion à l'égard de vous-même et des autres. Vous trouverez là des méditations pour dépasser les préjugés, comprendre le véritable amour et exploiter votre *chakra* du cœur.

Si vous avez des dettes, si vous avez besoin d'aide tout en ayant du mal à la demander ou si vous êtes confronté à un dilemme éthique, appuyez-vous sur les méditations pour résoudre les problèmes. Si vous avez l'impression que vos problèmes sont insurmontables, la méditation aidera à surmonter l'anxiété et à découvrir des solutions efficaces pour remédier à la situation.

On passe ensuite aux méditations pour que se manifestent les rêves. Grâce à une attention focalisée et à la visualisation, vous engagez le mental et le cœur à la création de la vie dont vous avez envie, en laissant aller le passé pour faire de la place à de nouvelles choses, en visualisant clairement le travail que vous préféreriez ou en transformant vos rêves en réalité pour le bien commun. Vous apprendrez que la méditation est un puissant outil de réalisation des rêves.

L'exploration s'achève par la connexion au divin à travers la méditation. Les méditations inspirées par une diversité de traditions spirituelles, orientales et occidentales, secondent l'expérience du Sacré. La foi religieuse n'entre pas en jeu. Si vous le leur permettez, ces méditations vous feront connaître ou approfondir la notion d'une chose supérieure. Appréciez votre potentiel de croissance spirituelle.

QU'EST-CE QUE LA MÉDITATION ?

Vous pouvez penser que la méditation est une pratique exotique liée aux religions orientales, qu'elle se rapporte à une posture assise exigeant de plier bizarrement les jambes et de disposer les mains d'étrange façon, ou à une impression de "sacralité". Heureusement, toutes ces idées sont fausses.

En réalité, la méditation est le choix de focaliser le mental sur quelque chose : lire un livre, regarder un film ou une publicité à la télé, sont des formes de méditation. Penser à la dispute de ce matin avec votre conjoint et à la montagne de travail qui vous attend, c'est de la méditation. Écouter un CD, c'est de la méditation. Vous concentrer sur le régime de bananes que vous achetez est aussi un genre de méditation.

Le mental et la réalité subissent sans cesse des flux et des reflux. Vous créez votre réalité à chaque instant de la vie en réfléchissant et en observant l'environnement. Avec le temps, vous développez certaines habitudes de pensée à ce propos. Par exemple, vous vous apercevrez que vous préférez les programmes de télévision violents, de par votre nature anxieuse. Vous fantasmez sur ce que votre vie pourrait être et lisez des romans à l'eau de rose. Puisque vous méditez constamment, la question est : "Sur quoi choisissez-vous de méditer ?"

Beaucoup de traditions spirituelles se servent de cette tendance des êtres humains – penser constamment, absorber des informations, faire des expériences – pour inciter à une vie meilleure. Si vous êtes toujours en train de réfléchir, concluent-elles, pourquoi ne pas focaliser consciemment le mental sur des sujets positifs et bénéfiques ? Pourquoi ne pas utiliser la méditation pour apprendre comment agissent les pensées et les émotions et développer des habitudes positives au niveau du mental, du corps et de l'esprit ? Vous pourrez ainsi développer votre potentiel en tant qu'être humain – mentalement, physiquement et spirituellement.

Pratique pour une vie plus heureuse

La méditation n'est pas mystique, détachée des contingences de ce monde ou inaccessible. Elle n'est pas réservée à une "élite", pas plus qu'à ceux férus de religions orientales ou alternatives. La méditation est très terre-à-terre. Quelle que soit la religion pratiquée, la méditation est à la portée de tous. Bien que la plupart des méditations soient inspirées par les traditions spirituelles, anciennes et modernes, aucune n'impose une foi ou une croyance. Si vous ne suivez aucune pratique spirituelle ou si vous êtes athée, essayez ces méditations simplement pour vous créer une vie plus heureuse.

Méditez en consacrant consciemment un moment à focaliser le mental de manière positive – une certaine direction pour ce faire s'avérera utile. En essayant quelques-unes des techniques de méditation présentées ici, vous découvrirez celle qui vous convient et, à partir de là, créerez votre propre méthode. Si vous désirez en savoir davantage, trouvez un maître qui vous aidera à approfondir et à consolider votre pratique. Comme un maître est souvent entouré d'un groupe de disciples, vous profiterez aussi du soutien et de la camaraderie de ceux-ci.

Ce livre propose une diversité de méditations. Il présente aussi des techniques de méditation variées. Essayez d'évaluer celles utilisées et leur action sur vous. Certaines sembleront plus confortables que d'autres. Il se peut aussi que vous préfériez en utiliser plusieurs pour votre pratique de méditation. Les techniques sont classées en quatre catégories principales.

Se concentrer

Pour la première technique de méditation, le mental se focalise sur un objet, extérieur – bougie, image de Bouddha ou du Christ, fleur – ou intérieur – souffle ou battements du cœur. Cette technique vise à apaiser le mental et à aboutir à une certaine paix. La concentration sur un objet favorise le calme et le centrage, en plus de stabiliser le mental. Bénéfice secondaire, comme on a du mal à arrêter complètement de penser, la réflexion et les émotions engendreront des modèles qui aideront à apprendre davantage sur soi-même. Cette concentration contribue aussi à la focalisation sur les objectifs visés dans la vie. Elle prépare votre mental aux autres formes de méditation.

Réfléchir

Au lieu d'éviter de réfléchir pour calmer, stabiliser et focaliser le mental lors de ces méditations, vous pensez à quelque chose. On peut vous demander de penser à votre problème, à une question concernant la colère, à certaines vertus à développer, comme la gentillesse affectueuse ou la patience, ou à la connexion qui vous lie à tout ce qui existe dans l'univers. En réfléchissant de manière concentrée sur un sujet pendant la méditation, avec l'intention de générer un changement positif en vous, le mental s'entraîne à devenir plus affirmatif.

Visualiser

La plupart des méditations imposent de visualiser quelque chose, de créer une image mentale. La visualisation aide à générer votre réalité, à manifester vos désirs et intentions, à changer votre comportement et même à modifier vos processus corporels. Par exemple, dans les méditations de Tara vous visualisez l'aspect féminin du Bouddha qui écarte les peurs et guérit la maladie. La visualisation est un outil de méditation très puissant. Ne vous inquiétez pas si pour commencer vous avez du mal à saisir une image mentale. Avec un peu de pratique, vos savoir-faire de visualisation s'amélioreront.

Ressentir

Certaines méditations vous dirigent au fil d'un processus permettant de percevoir les sentiments éprouvés. Par exemple, si vous méditez avec un partenaire, vous apprendrez à écarter les barrières entravant l'amitié et l'intimité. Lors d'une autre méditation, on vous demandera d'exercer vos sens en vous concentrant intensément sur un morceau de fruit.

Chaque méditation emploie l'une ou plusieurs de ces techniques. Il est important de vous souvenir que celles-ci ne sont qu'un moyen d'aboutir à une fin et non une fin en soi. Elles n'incitent pas à la compétition ou à l'agressivité. Vous pouvez devenir maître ès focalisation mentale, capable de rester assis pendant des heures concentré à fond sur votre souffle, une sorte d'athlète spirituel. Si vous n'employez pas votre capacité de concentration pour devenir positif, gentil, plus compatissant, vous avez laissé passer l'essentiel.

N'oubliez donc pas de vous motiver avant de méditer. Dites : "J'aimerais méditer aujourd'hui pour devenir ainsi plus heureux et gentil, afin de servir les autres et moi-même." Votre méditation achevée, ajoutez : "Je consacre mes efforts au plus grand bénéfice, le mien et celui des autres." Cette méditation "finale" fortifiera grandement vos séances.

POURQUOI MÉDITER ?

D'innombrables cultures ont pratiqué la méditation pendant des milliers d'années, car ses bénéfices sont trop nombreux pour être mentionnés. Dans tous les domaines – physique, mental, émotionnel, psychologique et spirituel – la méditation a le potentiel d'alléger la souffrance et d'aider à créer une vie meilleure. Mais pour la plupart des gens, le temps est une denrée rare : "Vaut-il vraiment la peine que je médite ?" La réponse est un "oui" retentissant.

Méditer pour une santé meilleure

En méditant tout simplement sur le souffle, la pression sanguine diminue, le rythme cardiaque ralentit, l'anxiété s'atténue. La méditation, en addition du traitement médical traditionnel ou alternatif, favorise la guérison de maladies comme le cancer et les troubles cardiaques, la gestion de la douleur et la prévention des affections, en vous aidant à rester physiquement équilibré et sain. La méditation engendre le contentement, la paix et la joie, qui à leur tour élèvent le moral et favorisent la longévité.

Méditer pour affûter le mental

Commencez par les méditations du premier chapitre, puis utilisez votre mental affûté et équilibré pour approfondir les méditations pour la guérison, le développement personnel la réalisation spirituelle. Vous pouvez consacrer votre intelligence et votre

discipline mentale nouvellement trouvées à votre travail et à votre famille, ce qui vous rendra meilleur patron, employé, époux, parent et ami. L'attention totale accordée à une personne aimée ou à un enfant fera des merveilles pour vos relations. La capacité de se concentrer au travail pour respecter les délais imposés rendra la vie plus facile, à vos collègues et à vous-même.

Méditer pour devenir plus conscient du corps et du mental

L'incessante stimulation des médias électroniques, du travail, des achats et des autres distractions finit par rendre la concentration quelque peu difficile, dissipant l'attention. Ces troubles sont de plus en plus fréquents chez les citadins. Si vous vous sentez surmené, "fermez-vous" pour venir à bout de plus que vous ne pouvez gérer. Conséquence des multitâches et de la précipitation constante, vous risquez de vous disperser. Essayez la méditation attentive pour revivifier vos sens et enrichir votre vie. Apprenez à vivre dans le présent et à apprécier la vie qui est la vôtre.

Méditer pour équilibrer les émotions

La vie stressante facilite l'apparition de problèmes quant à la colère. Pas étonnant que vous soyez à cran et que vous vous énerviez pour un oui pour un non, car vous travaillez beaucoup et les prix augmentent sans cesse. Les perturbations et l'agitation du monde font entrer la peur dans votre vie. Vous avez peut-être tendance à être jaloux et à ressentir la réussite des autres. Méditez si vous voulez rester conscient de vos émotions et les contrôler. Certaines méditations aident à positiver les émotions négatives. La paix mentale et une réactivité émotionnelle moins intense ne sont que deux des bénéfices de la pratique à long terme de la méditation.

Méditer pour guérir les troubles psychologiques

Si vous n'arrivez pas à surmonter tout seul certains problèmes, cherchez un conseil professionnel. Si vous voulez accélérer votre rétablissement, méditez pour appuyer la thérapie. En cas de problèmes de dépendance, de chagrin irrésolu, de traumatismes d'enfance, etc., la méditation s'avérera un merveilleux soutien durant le processus de guérison, aidant à devenir ami avec soi-même et à laisser aller la haine de soi. Elle atténuera aussi la tendance à tout remettre au lendemain ou aplanira les difficultés relationnelles. Laissez-la vous accompagner dans le voyage de guérison pour assumer plus facilement la responsabilité de votre rétablissement.

Méditer pour contempler les mystères de la vie

Si vous êtes enlisé dans la vision matérialiste de la vie qui se répand dans notre culture, méditez pour la transformer et la transcender. Méditez si vous voulez comprendre le sens de votre vie, votre destinée, votre connexion avec tous les êtres vivants et le caractère sacré de la réalité. La spiritualité est un terme dont on a grandement abusé, mais son origine, "*spiritus*", "esprit", se réfère au souffle créateur et à l'énergie vive imprégnant l'univers. Vous pouvez appeler cette force Dieu, Bouddha, Christ, Spiderman, pouvoir supérieur, ou admettre l'idée que la vie est moins simple qu'elle n'en a l'air. Méditez pour accéder à ce mental illuminé, de sorte qu'un jour vous puissiez devenir à votre tour illuminé.

PRÉPARATION

Vous constaterez que chaque entrée de ce répertoire suggère des moyens de se préparer à une méditation particulière. Toutefois, pour vous préparer à la pratique de la méditation, quelques conditions générales s'imposent.

La première, faire preuve de largeur d'esprit. Si vous débutez, les exercices mettront au défi nombre de vos idées reçues. Si vous avez de l'expérience, vous constaterez que les méditations diffèrent de celles dont vous avez l'habitude.

Une vieille histoire bouddhique, "Les Trois pots", résume les états mentaux capables de dépasser les préjugés. Vous devez vous assurer que votre pot (votre mental) ne présente pas de fuites, sinon les informations vous traverseraient sans être assimilées. De même, votre pot ne doit pas être à l'envers (un mental fermé à la méditation), car alors rien ne pourra y être versé. En fin, vous ne voudriez pas d'un pot sale, contaminé par des idées préconçues. La morale de l'histoire est évidente. Que vous soyez débutant ou expérimenté, préparez-vous à montrer un esprit large et ouvert à de nouvelles expériences.

Acceptez que la méditation puisse vous changer. Même positif, le changement semble parfois effrayant. Par exemple, lorsque vous méditez sur l'amour et la compassion, votre cœur s'ouvre et vous devenez plus sensible à la douleur des autres. Au début, c'est un peu malaisé, mais vous remarquerez rapidement qu'un cœur ouvert suscite moins de douleur qu'un cœur fermé. Si en méditant pour maîtriser votre colère vous êtes devenu plus patient et tolérant, le moi coléreux formant l'essence de votre protection et de votre identité doit être relâché. Les bénéfices dépasseront de loin la gêne temporaire du changement.

Préparez votre corps pour que la méditation devienne physiquement plus facile. Un grand nombre de méditations implique de s'asseoir dans la posture traditionnelle en tailleur. Si vous n'y arrivez pas, asseyez-vous sur une chaise. Mais si vous tenez à faire les choses dans les règles, pratiquez des exercices d'étirement pour accroître votre souplesse. Essayez les exercices suivants (page 24).

Étirements précédant la méditation

1 Asseyez-vous sur le plancher, jambes tendues devant vous. En vous penchant à partir de la taille, essayez de toucher vos orteils. Si vous n'y arrivez pas, étirez-vous aussi loin que possible. Ne rebondissez pas. Tendez-vous doucement en avant, puis relâchez. Répétez 5 fois.

2 Écartez les jambes tendues en "V", aussi largement que vous le pouvez. Tendez les mains vers les orteils gauches, puis les droits. Étirez-vous doucement, en répétant 5 fois de chaque côté.

3 Leurs plantes se touchant, ramenez les pieds vers vous, aussi près que vous le pouvez. Vos genoux s'écartent du plancher. En gardant les pieds joints, poussez doucement les coudes sur vos genoux. Répétez lentement 5 fois.

4 Quand l'étirement est fini, massez soigneusement vos jambes pour en améliorer la circulation. Consacrez un peu de temps à masser les pieds et les genoux. La pratique quotidienne de ces exercices améliorera votre souplesse.

Yoga

L'une des meilleures pratiques pour accompagner la méditation, le yoga aide à étirer et à allonger l'ensemble du corps, facilitant l'assise. Suivez des cours et apprenez les postures de base que vous pouvez effectuer chez vous. Utilisez les exercices de relaxation pour passer de la vie quotidienne à la séance de méditation. Si vous choisissez de méditer le matin, vous devez laisser consciemment de côté la sonnerie du réveil, la préparation du petit-déjeuner, la toilette et le départ au travail. Si vous méditez le soir, il est spécialement important de faciliter la transition du travail à la méditation. Quelques minutes de détente suffiront. Cette transition rendra la méditation plus productive.

Le cadavre

Un excellent exercice de relaxation est la posture du yoga appelée *savasana*, "Le cadavre".

1 Allongez-vous sur un tapis ou sur le plancher. Reposez les bras le long du corps, paumes tournées vers le haut. Si la pièce est trop fraîche, placez sur vous une couverture légère.

2 Relaxez en toute conscience chaque muscle de votre corps en partant des orteils. En atteignant le sommet de la tête, restez quelques minutes de plus en *savasana*.

3 Quand vous êtes prêt, levez-vous lentement, passez à votre lieu de méditation et commencez à méditer.

Une excellente manière de se relaxer après le travail est d'écouter un moment, les yeux fermés, une musique apaisante, classique ou "new age". Les stress du jour s'estompent. Dès que vous êtes prêt, asseyez-vous sur votre coussin de méditation et commencez à méditer.

CE QU'IL VOUS FAUT

Bien qu'ils ne soient pas absolument nécessaires, quelques objets rendront vos séances de méditation plus confortables et plus productives. La plupart peuvent être achetées sur Internet, dans les magasins spécialisés ou dans les centres bouddhiques.

Coussin ou chaise ?

Puisqu'il est souvent recommandé de s'asseoir pour méditer, pensez à acheter un coussin spécial. Ces coussins existent dans toutes les tailles, formes et couleurs, rembourrés d'une diversité de matériaux, dont les bulles de polystyrène et la balle de sarrasin. Certains sont même ajustables. Si possible, il vaut mieux les essayer d'abord.

Si vous avez du mal à vous asseoir en position traditionnelle sur le plancher ou sur un coussin, asseyez-vous sur une chaise à dossier droit. Des "chaises de méditation" basses, soutenant le dos, croisement entre chaise normale et coussin sont apparues récemment sur le marché. On peut s'y asseoir aussi en tailleur.

Un autre support permet de s'asseoir sur le plancher, le dos soutenu. Très utile si vous souffrez du dos et désirez quand

même vous asseoir de manière traditionnelle.

Si vous achetez un coussin de méditation, pensez aussi à un *zabuton,* qui se place sous celui-ci pour le relever un peu par rapport au sol et protéger vos chevilles. Pour la relaxation et certaines postures de méditation exigeant de s'allonger à plat sur le sol, procurez-vous un tapis de yoga.

Couvertures et châles

Si vous pensez pratiquer des postures de relaxation, utilisez éventuellement une couverture légère pour rester au chaud. De même, si vous restez assis pendant longtemps le matin de bonne heure, quand l'air est un peu frais, il est bon de vous envelopper dans une couverture ou un châle.

Vêtements larges

Lorsque vous méditez, portez de préférence des vêtements larges. Évitez les ceintures, la montre au bracelet serré, tout habit qui empêche de bouger. Un pantalon large ou un bas de survêtement convient, de même qu'un caftan. Vous pouvez trouver sur Internet des vêtements spéciaux pour le yoga et la méditation.

Chapelets

Certaines des méditations de ce livre impliquent l'utilisation d'un chapelet. Cet objet est présent dans de nombreuses traditions spirituelles et cultures du monde. Ses grains permettent de compter le nombre de récitations d'une prière ou d'un mantra. Lorsqu'un mantra ou une prière devient un élément de la méditation, ces grains aident à connecter le corps physique au mental. Les couleurs et les matériaux du chapelet sont très variés. La plupart sont composés de 108 grains. Si vous ne tenez pas absolument à avoir un chapelet traditionnel, choisissez en un en forme de bracelet à porter au poignet lorsqu'il ne sert pas.

Cloches, *ting-shas* et bols chantants

Les rituels vous aideront à entretenir votre pratique au fil du temps. Commencer et achever la méditation en faisant sonner une cloche ou de minuscules cymbales appelées *ting-shas* faciliteront la concentration et tireront le maximum de la séance. Les bouddhistes tibétains utilisent des bols chantants dont la taille est très variée. On les fait résonner en frottant un maillet autour de leur bord – le son qui en résulte est superbe. Une cloche ordinaire convient tout aussi bien pour commencer et achever la séance.

Minuteurs

Certains trouvent l'emploi des minuteurs trop distrayant. Si vous voulez fixer une durée de votre méditation, placez devant vous sur le plancher une montre ou un sablier. Vous vous habituerez ainsi doucement à la sensation d'une séance de 10 à 20 minutes.

COHÉRENCE

Pour profiter de la méditation, il est important de développer une pratique cohérente, si possible quotidienne. Le fait de vous asseoir au même moment et à la même place tous les jours intégrera la méditation dans votre vie, de la même manière que le brossage des dents ou la douche du matin.

Si le cœur vous en dit, testez pour commencer quelques méditations simples, prises dans les huit chapitres de ce livre. Vous y trouverez des suggestions pour méditer en conduisant ou en effectuant les tâches ménagères. Lorsque vous traversez cette étape exploratrice, vous pouvez méditer à des moments différents de la journée. Essayez cependant de le faire une fois par jour, quels que soient le moment ou l'endroit. Cette exploration vous permettra de trouver une ou deux formes de méditation qui vous conviendront à long terme. Le cas échéant, méditez au même moment et au même endroit tous les jours.

Avec le temps, les changements, les réalisations et les bénéfices de la méditation s'accumulent. Nulle illumination n'est rapide ou instantanée, mais cela ne veut pas dire que la méditation ne vous laissera pas une bonne sensation dès le début. Les bénéfices les plus importants viendront à long terme, parfois si subtils que vous aurez du mal à les décrire en paroles.

Au début, c'est difficile de respecter la discipline quotidienne. Vous commencez à méditer, puis des distractions interviennent. Vous avez envie de méditer, mais la vie se met en travers. Étant donné les exigences habituelles du travail et de la famille, vous ne manquerez pas de raisons pour ne pas méditer. Voilà pourquoi l'engagement à une pratique quotidienne de la méditation est si importante. Votre cohérence vous soutiendra à travers les périodes de paresse, de travail intense ou de mécontentement face au progrès accompli. La persévérance payera. Après un moment, la pratique quotidienne deviendra réconfortante et agréable, et vous n'y renoncerez pour rien au monde.

ESPACE SACRÉ

L'espace sacré est un endroit où vous pouvez vous connecter avec un monde au-delà de la vie de tous les jours – un lieu de méditation, de prière et de rituel. Ce peut être un coin de la salle de bains aménagé pour la méditation ou un lieu spécialement créé pour cela. Si vous disposez d'une pièce supplémentaire, transformez-la en espace de méditation. Même si vous vivez dans un minuscule studio ou assis sur vos valises, vous pouvez créer un espace sacré pour la méditation.

Choisissez un emplacement. Si nécessaire, réarrangez la pièce choisie pour y aménager un coin de méditation. Décidez si cet espace peut être permanent ou s'il doit servir uniquement lorsque vous méditez. Il vous faut assez de place pour installer un coussin ou une chaise et un autel, si vous en voulez un.

Nettoyez soigneusement l'espace choisi, passez l'aspirateur, époussetez, lavez le plancher. Le nettoyage élimine en outre l'énergie négative, la vôtre et celle de votre environnement.

Arrangez le coussin ou la chaise à votre goût. Asseyez-vous et vérifiez que vous êtes à l'aise. Y a-t-il un courant d'air ? Protégez votre espace privé en fermant la porte. Si ce n'est pas possible, dissimulez-le derrière un paravent. La lumière doit être agréable, qu'elle soit artificielle ou naturelle. Placez près de vous ou sur un rayonnage bas, à portée de main, le tapis de yoga, de petits coussins, une cloche, des *ting-shas*, un minuteur, un chapelet. Si vous méditez sur une musique, installez un lecteur de CD à proximité.

Créer un autel

Assurez-vous de disposer d'assez d'espace quand un autel sera installé devant la chaise ou le coussin. Voilà quelques suggestions.

Prenez une petite table basse, recouvrez-la d'une belle nappe ou d'un foulard. Disposez dessus des objets ayant une signification particulière pour vous – images de divinités, Bouddha, Tara, Christ, la Vierge, photos de vos maîtres spirituels, un texte qui vous inspire, des offrandes comme fleurs, eau, encens, bougies, fruits, éventuellement des symboles de la nature, cristaux, coquillages, une jolie pierre. Ajoutez un petit support pour un proverbe ou une maxime qui vous semble inspirante pour le jour concerné. Assurez-vous que les objets choisis vous inspirent, contribuent à libérer et à générer l'énergie, vous centrent et stimulent votre imagination. Laissez-les vous aider à comprendre votre univers, votre vie spirituelle, vous-même.

Votre espace sacré peut occuper une pièce entière ou n'être que temporaire. Il peut être miniaturisé et portable. Si votre métier implique de voyager ou si vous méditez au travail, créez là aussi un espace sacré.

Achetez un coussin de méditation gonflable pour mettre dans votre valise ou votre mallette. Préparez aussi un autel miniature. Depuis la nuit des temps, les hommes se sont servis d'autels portatifs sous forme d'amulettes, des images de maîtres spirituels ou de déités. Les archéologues en ont trouvé lors des fouilles. Créez votre propre autel de voyage – une trousse avec une petite image encadrée d'une divinité ou d'un maître, un petit bol pour les offrandes d'eau, peut-être une bougie et un peu d'encens. Couvrez vos objets sacrés d'un beau tissu. Maintenant, vous êtes prêt, coussin gonflable et autel portatif ! Si votre appartement est petit, utilisez-la aussi chez vous.

N'oubliez pas, votre espace sacré est strictement personnel et, au fil de vos méditations, il peut évoluer. En le créant, vous honorez votre intention de vivre attentivement et d'offrir assez de place à votre croissance personnelle et spirituelle. Vous invitez le Sacré dans votre vie.

POSTURES DE MÉDITATION

Bien que vous puissiez méditer en n'importe quelle position, votre posture est importante. Comme la méditation se rapporte à la maîtrise, à la guérison et à l'éveil de votre mental – et parce que le mental et le corps sont inextricablement liés – la posture a une grande signification. Lorsque vous méditez, vous apprenez que le corps et la respiration aident énormément le mental.

Vous constaterez que la méditation peut être pratiquée en étant assis, en étant allongé, en marchant, en s'adonnant à d'autres activités. Toutefois, la plupart des méditations conseillent la position assise assumée par la méditation traditionnelle du Bouddha.

Les débutants ont du mal à s'asseoir ainsi. Après quelques séances où les genoux seront endoloris, les choses s'amélioreront. Une fois cette posture maîtrisée, vous pouvez toujours méditer ainsi. La posture correcte aide le mental à trouver paix, force et contrôle. Elle bénéficie au corps en équilibrant les énergies et les systèmes. Les enseignements bouddhiques traditionnels suggèrent qu'il est possible de méditer toute la journée en posture classique, ce qui s'avérera impossible dans des positions ordinaires.

La posture classique en sept points

1 Asseyez-vous sur votre coussin, la colonne vertébrale aussi droite que possible depuis la nuque jusqu'au bas du dos. Le coussin surélève vos fesses un peu, pour obliger vos genoux à se rapprocher du plancher et pour aider votre dos à rester vertical. Asseyez-vous un peu en avant sur le coussin.

2 Croisez les jambes, la droite sur la gauche. La plante de vos pieds est posée sur le haut des cuisses. Dans l'idéal, les pieds forment une ligne droite.

3 Gardez les épaules droites et relaxées. Une épaule ne doit pas être plus haute que l'autre.

4 Le menton doit être parallèle au plancher et un peu rentré.

5 Les yeux sont détendus, ouverts et baissés, sans rien voir en particulier. Le regard fixe un point situé à environ 1 mètre devant vous.

6 Placez la langue contre le palais. Les lèvres sont entrouvertes, les dents se touchent sans se serrer. Respirez par le nez.

7 La position des mains ne fait pas partie de la posture classique expliquée en sept points. Traditionnelle-ment, les mains sont en coupe, paumes vers le haut, superposées, à quatre doigts de largeur en dessous du nombril (sans reposer sur les jambes ou les pieds). Les coudes sont légèrement écartés du corps. Vous pouvez reposer les mains sur vos genoux.

Bien que les débutants puissent trouver plus facile de méditer les yeux fermés, il est préférable de vous exercer à méditer les yeux ouverts. Les yeux fermés encouragent les pensées, la rêvasserie et les distractions. Votre méditation s'associera alors à un "autre" monde, un monde intérieur, et non pas à une manière plus réaliste de voir le monde.

La relaxation est importante. Si vous êtes comme la plupart des gens, votre corps véhicule une énorme tension résiduelle. L'effort de rester assis en posture de méditation risque cependant de produire encore plus de tension dans le corps. Pour commencer, soyez gentil avec vous-même. Apprenez à devenir conscient des raidissements et à les alléger en vous relaxant en douceur. Des micro-mouvements vous permettront de faire des ajustements. La partie la plus importante de la posture est le maintien à la verticale de la colonne vertébrale. Si vous ne pouvez pas croiser les jambes dans la posture classique, faites de votre mieux ou asseyez-vous sur une chaise. Essayez ensuite de suivre le reste des indications de la page 37.

Si vous éprouvez des difficultés à vous tenir droit en raison du mal du dos ou d'une blessure, utilisez un support pour le dos. Si vous êtes malade et cloué au lit, méditez ainsi. Si pour commencer vous êtes trop anxieux et littéralement incapable de rester en place, méditez en marchant ou en courant, jusqu'à ce que votre mental s'apaise.

Essayez de réussir la posture assise. Effectuez les exercices d'étirement (voir page 24) ou suivez un cours de yoga pour accroître votre souplesse et mieux connaître votre corps. Respectez toutefois vos limites. Si vous commencez à méditer à un âge plus avancé, ne pensez pas que vous êtes obligé de rester assis en posture traditionnelle. L'un des buts de la méditation est de devenir plus gentil, y compris envers soi-même.

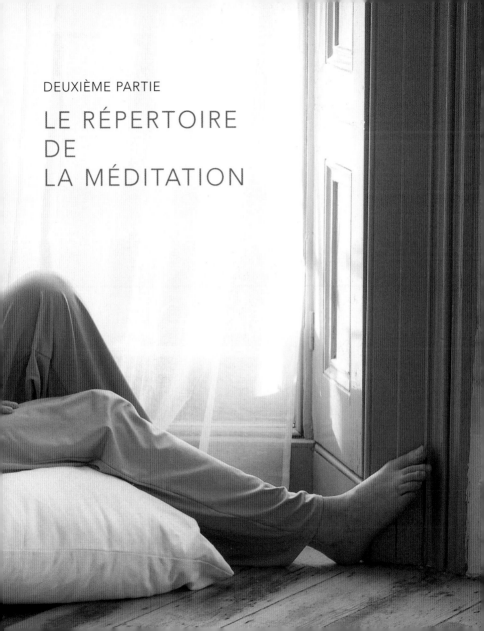

DEUXIÈME PARTIE

LE RÉPERTOIRE DE LA MÉDITATION

UTILISER LE RÉPERTOIRE

Vous êtes maintenant arrivé au cœur de ce livre – les méditations. 153 méditations sont divisées en huit sections :

• Méditations pour calmer et centrer

• Méditations pour vivre attentivement

• Méditations pour guérir le corps, le mental et l'âme

• Méditations pour se mettre en mouvement

• Méditations pour générer l'amour et la compassion

• Méditations pour régler les problèmes

• Méditations pour faire se manifester les rêves

• Méditations pour se connecter au divin

Vous pouvez utiliser ce répertoire à votre guise. Voici quelques idées pour commencer.

Indifféremment de l'approche choisie, pratiquez en premier la méditation "Observez votre respiration" des pages 50 et 51. Celle-ci est le point de départ de la plupart des autres méditations. Le Bouddha enseignait cette pratique il y a plus de 2 500 ans ; elle est tout aussi puissante et efficace de nos jours. Effectuez-la pendant quelques jours, de préférence pendant une semaine. Pratiquez toujours quelques minutes de méditation de la respiration avant toute autre, pour préparer le mental. Explorez ensuite les autres méditations, selon les suggestions de la page 44.

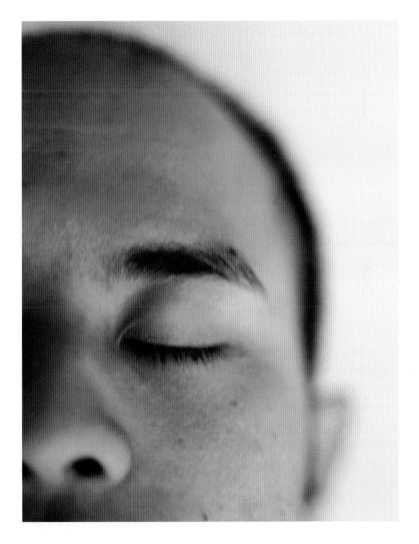

Lisez d'abord toutes les méditations et notez celles que vous aimeriez essayer. Vous les verrez ainsi dans leur ensemble et absorberez bon nombre d'informations sur la méditation, sa pratique, l'aide qu'elle apporte. Autrement dit, vous aurez une vision globale du paysage de la méditation avant de vous "lancer".

Vous pouvez aussi lire les introductions de chaque partie mentionnée en page 42, puis établir une liste selon de degré d'intérêt qu'elles présentent pour vous. Notez si l'une vous attire ou vous déplaît particulièrement. Dans ce dernier cas, demandez-vous pourquoi. Si vous éprouvez une réaction négative aux méditations pour générer l'amour et la compassion, interrogez-vous sur ses causes. Avez-vous eu le cœur brisé, avez-vous peur d'être ouvert, affectueux et compatissant ou d'être blessé par les autres ?

De même, si une autre partie vous attire, analysez les raisons de cette attirance. Peut-être êtes-vous prêt à guérir et heureux de pratiquer les "Méditations pour guérir le corps, l'esprit et l'âme", premières de votre liste. Après les avoir placées par ordre de préférence et avoir analysé toute réaction intense, lisez les méditations de la partie marquée en premier et choisissez celles que vous aimeriez tenter. Commencez par celle qui vous intéresse le plus.

Le répertoire peut par ailleurs être combiné à la divination. Asseyez-vous tranquillement pendant quelques instants. Demandez la meilleure méditation pour vous, pour ce moment dans le temps. Ouvrez ensuite le livre au hasard et pratiquez la méditation à laquelle il s'est ouvert. Notez ensuite si ce choix au hasard vous a surpris et si vous l'avez trouvé utile pour ce qui se passe dans votre vie au même moment. Dernière possibilité, pratiquez les méditations une à une.

Liste des bénéfices spécifiques de la méditation.

Meilleur moment pour pratiquer la méditation.

Conseils sur la manière de se préparer.

BOL CHANTANT HIMALAYEN

On fait résonner les bols chantants himalayens avec un maillet en bois. Ils sont très utilisés pour la méditation au Tibet, au Népal, au Sikkim, en Mongolie, en Chine, en Inde et au Bhoutan.

Bienfaits

- Soigne grâce à la vibration
- Ancre le corps et les émotions
- Induit des ondes cérébrales alpha
- Relaxe le corps et le mental

De nombreuses cultures et religions révèrent le son au point d'être persuadées qu'il a fait venir à l'existence l'univers. Chaque atome, chaque molécule, chaque cellule, chaque glande et chaque organe du corps absorbent et émettent des sons à une fréquence d'environ 8 cycles par seconde, principale fréquence du champ électromagnétique terrestre. Les études scientifiques montrent que le son peut provoquer des changements dans le système nerveux autonome, le système immunitaire et le système endocrinien. Le Dr Mitchell Gaynor du Strang-Cornell Cancer Prevention Center (États-Unis) se sert de bols chantants pour ses patients cancéreux. Faire résonner les bols chantants est un merveilleux ajout à la méditation.

Méditation

Quand

Essayez de pratiquer tous les jours au même moment la méditation des bols chantants, dans un endroit tranquille.

Préparation

Procurez-vous un bol chantant tibétain.

Pratique

1 Asseyez-vous sur un coussin ou une chaise, le bol chantant dans les mains. Tenez-le ainsi pendant un moment. Notez son poids, sa forme et sa texture.

2 Si vous avez un bol plus grand, posez-le sur votre paume. S'il est petit, placez-le en équilibre sur le bout de vos doigts. Ne touchez pas ses bords, car cela assourdira le son. Vous pouvez aussi placer le bol sur un coussin matelassé à côté de vous.

3 Frappez le bol avec un maillet en bois. Écoutez le son et percevez la vibration. Laissez-le résonner jusqu'à ce que le son s'estompe. Imaginez que votre souffrance, ainsi que celle de tous les autres êtres, disparaît avec lui.

4 Au lieu de frapper le bol, vous pouvez le faire "chanter". Frottez très doucement un maillet en bois contre son bord, avec une pression régulière. La vibration deviendra progressivement plus forte et, à son point culminant, générera un son. Imaginez que toute affection dont vous souffrez est guérie à mesure que le corps s'accorde aux vibrations du bol.

Brève introduction.

Instructions détaillées sur la manière de pratiquer la méditation.

CALMER ET CENTRER

MÉDITATIONS POUR CALMER ET CENTRER

La méditation aide à vous centrer dans votre corps et à calmer votre mental. Vous avez assurément déjà vu des photos de gens en train de méditer, assis en lotus sur un coussin, sereins et paisibles. Peut-être avez-vous admiré une statue de Bouddha et remarqué qu'il avait l'air parfaitement heureux et à l'aise. La méditation vous attire peut-être parce que vous voulez que cette sérénité soit présente dans votre propre vie.

Les méditations de cette première partie facilitent l'aboutissement à la paix et au calme nécessaires pour affronter une vie trépidante. Vous ferez mieux l'expérience des méditations suivantes en les approchant avec un esprit tranquille et équilibré. "Observez votre respiration" est la méditation la plus importante du répertoire, sur laquelle se basent toutes les autres. La première fois que vous la pratiquez, elle peut sembler excessivement simple, donc peu utile. Accordez-lui environ une semaine et vous en récolterez les bénéfices. Cette méditation ancienne, très efficace, atténuera l'anxiété et le bavardage mental, diminuera la pression sanguine et le rythme cardiaque, favorisera la concentration.

Les autres méditations de cette partie offrent une grande diversité de pratiques pour atteindre la sérénité et la paix que vous visez. Vous apprendrez beaucoup sur votre mental avec les "Pensées nuages", le "Mental étendu" et le "Mental distrait". Les "Neuf cycles de respiration" vous enseigneront une très puissante méthode de centrage avant toute activité. La "Flamme dansante" et le "Murmure de l'eau" utilisent les éléments naturels pour apaiser et calmer le mental. "Où est mon mental ?" aide à contrôler les pensées. Les "Paroles sacrées", le "Chant grégorien" et le "Bol chantant himalayen" sont des méditations merveilleuses si vous préférez l'aura. Si vous aimez la nature, "Regardez les étoiles", le "Mental émotionnel", la "Terre-Mère" et le "Pouvoir des fleurs" tranquillisent et équilibrent. "Accueillez la journée" et "Crépuscule tibétain" vous aideront à commencer et à finir votre journée de manière positive. La "Prière de centrage" facilite l'accès à votre pouvoir supérieur. Créez la paix pour vous-même et pour les autres avec la "Paix sur Terre". Si vous traversez une crise particulièrement difficile, l'"Orage émotionnel" permettra de la surmonter.

Avant de pratiquer l'une de ces méditations, décidez de devenir plus calme et plus centré. Essayez de faire entrer la paix et la sérénité dans votre vie quotidienne.

OBSERVEZ VOTRE RESPIRATION

Méditation des plus simples, elle est en même temps puissante et satisfaisante. Méditer quotidiennement sur la respiration met en place une base solide pour toutes les autres formes de méditation.

Avantages

- Diminue l'anxiété
- Abaisse la pression sanguine et le rythme cardiaque
- Atténue le bavardage mental
- Favorise la concentration mentale
- Aide la concentration sur le sujet choisi

La pratique de la méditation sur la respiration est connue depuis des milliers d'années. Jadis, les hindouistes et les bouddhistes méditaient ainsi pour maîtriser la réflexion incontrôlée, apaiser les pensées, réduire les actions négatives, acquérir la compréhension des vérités spirituelles. En principe, on médite sur la respiration pour donner au mental quelque chose à quoi "s'accrocher" quand il saute d'une pensée à l'autre. Entraîner le mental de cette manière permet de se focaliser sur une chose à la fois et développe le pouvoir de concentration. Cette méditation a une influence apaisante sur le corps et le mental, favorise la diminution de l'anxiété, l'abaissement du rythme cardiaque et de la pression du sang. Que votre intérêt se porte sur le développement spirituel ou la santé physique et mentale, la méditation sur la respiration est l'une des meilleures pratiques de méditation globale.

Méditation

Quand

Tous les jours, matin et soir, pendant 10 minutes. Rallongez peu à peu les séances.

Préparation

Trouvez un endroit tranquille où vous ne serez pas dérangé. Il vous faut un coussin ou une chaise à dossier droit. Mettez des vêtements larges. L'éclairage est voilé, il n'y a pas de courants d'air dans la pièce dont la température est agréable.

Pratique

1 Asseyez-vous en tailleur sur un coussin, les fesses légèrement surélevées. Si vous n'y arrivez pas, asseyez-vous sur une chaise. Gardez le dos droit, les épaules au même niveau, détendues, le menton parallèle au plancher. Abaissez les yeux et fixez un point situé à environ 1 mètre devant vous. Reposez doucement les mains sur vos genoux.

2 Respirez normalement par le nez, à partir du ventre plutôt que de la poitrine. Surveillez votre posture et relaxez toute partie tendue de votre corps.

3 Commencez à compter votre respiration sur chaque expiration. En arrivant à 10, recommencez. Laissez aller les pensées qui émergent et continuez à compter.

4 Après environ 10 minutes, achevez la séance. Essayez de faire entrer la concentration dans votre vie quotidienne.

PENSÉES NUAGES

Des pensées émergent forcément quand vous méditez sur la respiration. Donnez-leur un nom à mesure qu'elles naissent pour vous re-focaliser sur votre respiration et apaiser le mental.

Avantages

- Aide à calmer le mental
- Offre une autre vision des pensées
- Aide à devenir plus flexible et ouvert

Il est normal d'accorder de l'importance à vos pensées et de les assimiler à la "vérité" ou à la "réalité". Pourtant, il se peut qu'un jour vous teniez quelqu'un pour un ennemi – plein de défauts et de motivations négatives – et qu'un mois plus tard vous changiez d'avis et le considériez comme un bon ami. Grâce à la méditation, vous ferez l'expérience des pensées éphémères et changeantes, comme des nuages traversant le ciel.

Vous apprendrez à desserrer votre prise sur vos pensées et deviendrez ainsi plus flexible et plus ouvert. Quand des pensées émergent, donnez-leur le nom "réflexion" et focalisez-vous de nouveau sur la respiration.

Méditation

Quand

Essayez cette variante de la méditation sur la respiration pendant 10 minutes, matin et soir.

Préparation

Trouvez un endroit tranquille où vous ne serez pas dérangé. Avant de commencer à méditer, notez la façon dont votre mental passe sans cesse d'une pensée à une autre lorsqu'il est dans son état normal.

Pratique

1 Asseyez-vous en tailleur sur un coussin, les fesses légèrement surélevées. Si vous n'y arrivez pas, asseyez-vous sur une chaise. Gardez le dos droit, les épaules au même niveau, détendues, le menton parallèle au plancher. Baissez les yeux et fixez un point situé à environ 1 mètre devant vous. Reposez doucement les mains sur vos genoux

2 Respirez normalement par le nez, à partir du ventre plutôt que de la poitrine. Surveillez votre posture et relaxez toute partie tendue du corps.

3 Commencez à compter votre respiration. En arrivant à 10, recommencez. Si des pensées émergent, nommez-les "réflexion" et revenez à votre respiration.

4 Méditez ainsi quelque 10 minutes. Essayez cette méditation pendant une semaine. Essayez de noter à quel point vos pensées sont éphémères et changeantes.

MENTAL ÉTENDU

Une pensée étant toujours suivie par une autre, votre mental risque de devenir quelque peu encombré. Cette méditation contribue à la purification de votre "espace" mental et vous offre les vacances mentales dont vous avez grand besoin.

Avantages

- Repose le mental après une réflexion trop longue
- Aide à se sentir plus calme et plus compatissant
- Offre de l'espace mental

Notre esprit est rempli de souvenirs, de désirs, de plans, d'inquiétudes, d'impressions mentales. La réflexion incessante ajoute au désordre. Cette méditation aidera à nettoyer le fouillis mental pour créer un espace paisible, ouvert, spacieux. En créant ce sentiment "d'espace" vous réaliserez avoir bien plus de contrôle sur vos sentiments et sur vos pensées que vous ne l'imaginez. Vous découvrirez que vos pensées et vos problèmes passent au second plan à mesure que vous faites l'expérience d'une réalité plus grande et plus compatissante que votre mental habituel. Avec de la pratique, vous ferez partout l'expérience de cet espace mental.

Méditation

Quand

Utilisez cette méditation quand vous vous sentez stressé et oppressé par les inquiétudes ou la réflexion incessante.

Préparation

Avant de méditer, relaxez-vous allongé sur le lit ou sur le plancher. Relaxez tous vos muscles en partant des orteils. Reposez-vous et prenez 5 respirations profondes. Relevez-vous lentement et entamez la méditation.

Pratique

1 Asseyez-vous en tailleur sur un coussin ou sur une chaise à dossier droit, pieds à plat sur le plancher.

2 Commencez en vous concentrant sur votre respiration. Comptez les expirations jusqu'à 10. Après quelque 5 minutes, arrêtez, puis concentrez-vous de nouveau sur l'expiration pendant environ 2 autres minutes.

3 Devenez conscient du calme et de l'espace perceptibles à la fin de l'expiration. Laissez-vous plonger de plus en plus profond dans cette sensation et cet espace. Imaginez l'air sortir de vos poumons dans une vaste zone lumineuse.

4 Cet espace s'élargit de plus en plus avec chaque respiration. Reposez-vous et restez là dans le présent. Si une pensée émerge, concentrez-vous de nouveau en douceur sur l'espace que vous avez créé.

5 Dites-vous que c'est parfait de se laisser simplement exister. Restez dans cet espace de calme aussi longtemps que vous en avez envie. Quand vous êtes prêt, prenez une respiration profonde et mettez fin à votre séance.

MENTAL DISTRAIT

En méditant sur la respiration, les pensées qui émergent détournent l'attention. Les distractions viennent aussi de l'extérieur, sous forme de sons, de lumières ou d'odeurs. Leur donner un nom aide à se focaliser de nouveau sur la respiration.

Avantages

- Aide à rester concentré sur ce qu'on fait
- Intensifie l'attention
- Développe la patience et la tolérance

Si vous vivez en ville, vous êtes probablement soumis à un énorme volume d'informations sensorielles – radio, TV, panneaux publicitaires, voitures, odeurs en tous genres bombardent sans cesse vos sens. Apprendre à focaliser et à calmer votre mental par la méditation sur la respiration constitue un bon antidote contre la surcharge sensorielle. Donner un nom aux distractions extérieures dès leur apparition pendant la méditation aide à développer la patience et la tolérance pour ce qui se passe autour de vous. En les nommant et en revenant à la focalisation sur la respiration, votre agacement diminuera. Quoi qu'il se passe, vous arriverez à calmer vos émotions et à focaliser votre mental.

Méditation

Quand

Essayez cette variante de la méditation sur la respiration pendant 10 minutes, matin et soir.

Préparation

Avant de commencer, assurez-vous soigneusement que votre espace de méditation est aussi silencieux et confortable que possible. Notez toute distraction éventuelle et éliminez-la.

Pratique

1 Asseyez-vous en tailleur sur un coussin, fesses légèrement surélevées. Si vous n'y arrivez pas, asseyez-vous sur une chaise. Gardez le dos droit, les épaules au même niveau, détendus, le menton parallèle au plancher. Baissez les yeux et fixez un point situé à environ 1 mètre devant vous. Reposez doucement les mains sur vos genoux.

2 Respirez normalement par le nez, à partir du ventre plutôt que de la poitrine. Surveillez votre posture et relaxez toute partie tendue de votre corps.

3 Commencez à compter votre respiration sur chaque expiration. En arrivant à 10, recommencez. Notez toute distraction extérieure, comme le bruit d'une voiture qui démarre, les odeurs de cuisine des voisins ou les changements dans l'éclairage ou la température de votre pièce. Nommez-les "distraction" et focalisez-vous de nouveau sur votre respiration.

4 Gardez trace de toute distraction rencontrée pendant une semaine. Notez si votre réaction aux distractions extérieures diffère de celle à la distraction intérieure. Notez si votre agacement s'atténue au fil du temps.

NEUF CYCLES DE RESPIRATION

Cette pratique bouddhique tibétaine de respiration et de purification équilibre le mental et diminue le nombre de pensées négatives avant toute séance de méditation.

Avantages

- Purifie la négativité
- Calme le mental
- Prépare à la méditation

Il se peut que vous ayez du mal à vous asseoir pour méditer après le travail. Votre mental déborde encore des pensées de la journée et des inquiétudes quant au lendemain. La pratique de neuf cycles de respiration favorisera la transition mentale entre votre vie trépidante et votre séance de méditation et contribuera à vous calmer et à vous relaxer. Vous apprendrez aussi à visualiser et ferez l'expérience de la pratique bouddhique de la purification. Excellente avant la méditation, la méthode des neuf cycles de respiration peut être pratiquée à tout moment pour clarifier le mental, éliminer la négativité et calmer l'âme.

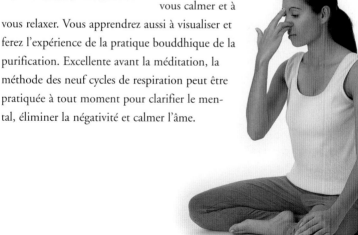

Méditation

Quand

Avant toute séance de méditation ou si vous voulez alléger
les émotions négatives.

Préparation

Asseyez-vous le dos droit. Identifiez toute pensée
ou émotion négative nécessitant une purification.

Pratique

1 Visualisez votre corps totalement vide
et transparent. Au cours du premier
cycle de respiration, inspirez par la narine
gauche, en fermant la droite de l'index
gauche. Imaginez-vous inspirer et remplir
votre corps d'une lumière blanche pure.
En expirant, imaginez que toute obses-
sion, sexuelle ou matérielle, s'en va par
la narine droite, sous la forme d'une
fumée noire. Répétez 3 fois.

2 Fermez la narine gauche de l'index
droit et inspirez la lumière blanche
pure par la narine droite. Vous purifiez
ainsi votre colère et votre haine, qui s'en
vont par la narine gauche sous la forme
d'une fumée noire. Répétez 3 fois.

3 Inspirez la lumière blanche à travers
les deux narines. Expirez toute
ignorance ou confusion mentale sous la
forme d'une fumée noire. Imaginez cette
fumée sortant de votre corps au point
situé entre vos sourcils (le Troisième œil
ou l'Œil de sagesse). Répétez 3 fois.

4 Commencez la méditation à partir
de cet état calme, centré et purifié.

FLAMME DANSANTE

La flamme d'une bougie convient parfaitement pour la focalisation du mental. Elle attire l'attention, sa chaleur, sa lumière et sa beauté sont rassurantes et n'ont pas d'âge.

Avantages

- Favorise la capacité de focalisation du mental

- Calme les peurs

- Confère un sentiment de chaleur et de sécurité

Méditation

Quand

Tentez cette méditation le soir, si vous vous sentez débordé et effrayé par un quelconque aspect de votre vie.

Préparation

Si possible, utilisez une bougie en cire d'abeilles pure, non parfumée. Placez-la à la hauteur de vos yeux, loin de tout matériel inflammable. Ne la laissez pas sans surveillance après la méditation.

Pratique

1 Asseyez-vous sur un coussin ou une chaise à environ 1 mètre de la bougie, qui est placée au niveau des yeux. Voilez toutes les autres lumières de la pièce. Essayez d'éliminer tout courant d'air.

2 Commencez la séance en pratiquant les Neuf cycles de respiration (voir pages 58 et 59).

La concentration sur la respiration offre au mental un port d'ancrage permettant de calmer les pensées spontanées. Pour arriver au même résultat, vous pouvez aussi vous concentrer sur un objet, comme la flamme d'une bougie.

Nous sommes attirés vers la flamme, comme des insectes. Jusqu'à l'invention de l'électricité, les bougies fournissaient lumière et sécurité pendant la nuit. Les bougies servaient aussi au culte, aux rituels et aux célébrations religieuses, collectives et personnelles. Agréables pour la méditation, les bougies sont aussi une présence rassurante à des moments de peur et de stress.

3 Concentrez-vous sur la flamme de la bougie et essayez de vider votre esprit de toute pensée. Sur chaque inspiration, laissez la lumière et la chaleur de la flamme libérer votre mental de toute peur, anxiété ou insécurité. Quand les pensées extérieures interviennent, concentrez-vous de nouveau sur la flamme devant vous.

4 Méditez ainsi pendant 10 à 15 minutes.

LE MURMURE DE L'EAU

Le murmure de l'eau qui coule connecte au courant de la nature et rappelle que le changement est une partie naturelle de la vie. Le son apaisant bloque les bruits, ainsi que votre propre bavardage mental.

Avantages

- Relaxe le corps et le mental
- Produit des ions négatifs bénéfiques
- Atténue le bavardage mental

Le murmure paisible de l'eau qui coule calme le mental et relâche la tension du corps. La proximité de l'eau améliore la santé physique et mentale. En 1915, les hommes de science ont découvert que si l'eau est atomisée (suite à l'impact des gouttelettes d'eau), elle génère des ions négatifs bénéfiques. Si vous restez près d'un cours d'eau, vous inhalez ces ions négatifs, qui sont absorbés dans le sang. Ils améliorent le bien-être, ainsi que la capacité physique et mentale en intensifiant l'apport d'oxygène aux cellules. Voilà pourquoi vous vous sentez frais et revigoré après un orage de printemps ou une pause au pied d'une cascade.

Méditation

Quand

Tentez cette méditation à chaque fois que vous avez été retenu dans un bureau pendant de longues heures, dans un air pas très frais.

Préparation

Si vous êtes à côté d'un cours d'eau, méditez assis sur une couverture ou son coussin. Si vous êtes chez vous, utilisez une fontaine miniature.

Pratique

1 Asseyez-vous sur un coussin, une chaise ou le sol près d'une source.

2 Respirez normalement et concentrez-vous pendant 5 minutes sur le bruit de l'eau. Essayez de faire le vide dans votre mental. Quand des pensées émergent, ramenez votre concentration au murmure de l'eau qui coule.

3 Sur chaque inspiration, laissez le bruit de l'eau approfondir votre relaxation physique et mentale. Notez si vous vous sentez mieux en étant près de l'eau.

4 Quand vous êtes prêt, achevez la méditation. Buvez un grand verre d'eau fraîche. Rappelez-vous de boire assez d'eau tous les jours.

OÙ EST MON MENTAL ?

Le mental est étonnant. Il peut aller en un instant dans la pièce voisine, dans une ville de l'autre côté du globe, dans le passé ou l'avenir. Le problème est que parfois votre mental semble avoir une volonté propre !

Avantages

- Démontre l'action du mental non contrôlé
- Aide à rester concentré sur le présent
- Favorise l'ancrage physique et mental
- Aide à avoir un meilleur contrôle de vos pensées

En surfant sur l'Internet en quête d'un sujet particulier, vous vous êtes probablement retrouvé parfois sur un site sans vraiment savoir comment vous y étiez arrivé. Votre mental saute pareillement d'une pensée à une autre. Vous vous concentrez sur un problème au travail et, en un instant, vous vous retrouvez en train de penser à quelque chose qui s'est passé à la maison la soirée précédente. Difficile de dire ce qui a orienté vos pensées. Cet exercice de méditation aide à comprendre comment fonctionne le mental, permet de devenir plus conscient de ce qu'on pense et de rester ancré dans le présent.

Méditation

Quand

Pratiquez cette méditation à chaque fois que vos pensées s'éparpillent excessivement. Pour une expérience plus intense, pratiquez tous les jours pendant une semaine.

Préparation

Asseyez-vous sur un coussin ou sur une chaise, dans un endroit tranquille. Vous pouvez pratiquer brièvement lors de toute situation où vous désirez être ancré dans le présent.

Pratique

1 Respirez profondément pendant 3 cycles pour passer de ce que vous faites à cette méditation.

2 Commencez à compter vos respirations. Quand des pensées émergent, notez le laps de temps et le lieu qui en font l'objet. Par exemple, si vous pensez à votre enfance dans votre ville natale, notez "dans le passé, ville natale" et revenez à la concentration sur votre respiration.

3 Méditez ainsi pendant 10 minutes. À la fin, notez tous les lieux physiques de vos pensées, si elles ont pris place dans le passé ou l'avenir. Tenez un journal et notez les voyages de votre mental. Entre les séances de méditation, essayez de vous rendre compte de vos pensées et de rester focalisé dans le présent.

PAROLES SACRÉES

Réciter un mantra ou des paroles sacrées aide à se concentrer, pacifie et transforme le mental. La récitation des mantras est un aspect de la spiritualité bouddhique/hindouiste, mais vous pouvez l'utiliser pour la relaxation mentale et physique.

Avantages

- Relaxe le corps
- Calme le mental
- Développe la compassion

Méditation

Quand

Pratiquez la récitation des mantras quand vous en avez envie et où vous le voulez.

Préparation

Si possible, utilisez un chapelet bouddhique de 108 grains ou un bracelet de prière. Si vous n'en avez pas, comptez sur vos doigts.

L'un des plus connus mantras tibétains est "OM MANI PADME HUM". Appelé en bref MANI. C'est le mantra d'Avalokiteçvara le très compatissant, l'incarnation bouddhique tibétaine de la compassion.

Pensez avec compassion à tous les êtres de l'univers en répétant lentement ce mantra au moins 21 fois, de préférence 108 fois. Incluez les êtres humains, les animaux, les poissons, les oiseaux, les insectes. N'oubliez pas de vous inclure en tant qu'objet de votre compassion. Bien que ce ne soit pas obligatoire, la récitation des mantras est souvent pratiquée avec un chapelet bouddhique, un *mala*. Au Tibet, les mantras sont tenus pour très puissants. En plus d'être récités, les paroles sacrées et les mantras sont inscrits sur des drapeaux de prière. Les mantras ou les prières sont portés par le vent et bénissent à leur tour l'environnement et tous les êtres.

Pratique

1 Asseyez-vous en tailleur sur un coussin, dans un endroit tranquille où vous ne serez pas dérangé.

2 Respirez profondément pendant environ 1 minute pour purifier votre mental. Commencez ensuite à réciter lentement le mantra OM MANI PADME HUM d'une voix basse et sereine. Si des pensées émergent, retournez à la concentration sur le mantra.

3 Après quelques minutes, en récitant le mantra, commencez à visualiser vos paroles atteignant tous les êtres animés et les débarrassant de leur souffrance. Incluez-vous parmi eux. Effectuez 108 récitations ou un cycle du chapelet bouddhique traditionnel, le *mala*.

4 Achevez votre méditation en vous concentrant calmement 2 minutes sur votre respiration.

CHANT GRÉGORIEN

Le chant grégorien, la musique religieuse du Moyen Âge, est rassurant et apaisant. L'écoute de cet ancien plain-chant n'implique plus la dévotion. Gardez cependant à l'esprit que ce sont là les sons des mortels s'adressant à leur Dieu.

Avantages

- Diminue la pression sanguine et le rythme cardiaque
- Régularise le pouls et la respiration
- Apaise le mental
- Élève le moral et renouvelle l'esprit

À notre époque trépidante, le mental risque d'errer en quête de quelque chose de plus significatif et réconfortant dont le corps et l'âme ont besoin. Les études menées en France dans les années 1960 par le Dr Alfred Tomitas ont constaté que l'écoute des chants grégoriens soigne le corps et calme l'esprit. Outre alléger les affections spirituelles, ces chants atténuent l'hypertension, la migraine, les ulcères et les crises cardiaques, ralentissent le métabolisme, régularisent le pouls et la respiration, apaisent le mental.

Selon cette théorie, il y a deux types de sons ; les sons épuisants – qui fatiguent et vident – et les sons énergisants – qui confèrent énergie et santé. Selon le Dr Tomitas, le chant grégorien est probablement le plus puissant son énergisant favorisant la force et la vitalité.

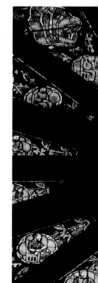

Méditation

Quand

Écoutez le chant grégorien à tout moment, particulièrement quand vous êtes stressé.

Préparation

Achetez un CD de chants grégoriens ou empruntez-le à la bibliothèque. Il y a aussi des stations qui le diffusent sur Internet.

Pratique

1 Faites jouer des chants grégoriens en voiture ou chez vous

2 Respirez profondément plusieurs fois. Videz votre mental et laissez-vous inonder par le son du chant. Rejoignez mentalement ceux qui louent Dieu, le Bouddha ou votre Pouvoir supérieur.

3 Écoutez aussi longtemps que vous en avez envie. Notez ensuite si vous vous sentez plus calme et moins stressé. Si vous méditez régulièrement sur le chant grégorien, vérifiez si votre santé et état mental s'améliorent.

BOL CHANTANT HIMALAYEN

On fait résonner les bols chantants himalayens avec un maillet en bois. Ils sont très utilisés pour la méditation au Tibet, au Népal, au Sikkim, en Mongolie, en Chine, en Inde et au Bhoutan.

Avantages

- Soigne grâce à la vibration
- Ancre le corps et les émotions
- Induit des ondes cérébrales alpha
- Relaxe le corps et le mental

De nombreuses cultures et religions révèrent le son au point d'être persuadées qu'il a fait venir à l'existence l'univers. Chaque atome, chaque molécule, chaque cellule, chaque glande et chaque organe du corps absorbent et émettent des sons à une fréquence d'environ 8 cycles par seconde, principale fréquence du champ électromagnétique terrestre. Les études scientifiques montrent que le son peut provoquer des changements dans le système nerveux autonome, le système immunitaire et le système endocrinien. Le Dr Mitchell Gaynor du Strang-Cornell Cancer Prevention Center (États-Unis) se sert de bols chantants pour ses patients cancéreux. Faire résonner les bols chantants est un merveilleux ajout à la méditation.

Méditation

Quand

Essayez de pratiquer tous les jours au même moment la méditation des bols chantants, dans un endroit tranquille.

Pratique

1 Asseyez-vous sur un coussin ou une chaise, le bol chantant dans les mains. Tenez-le ainsi pendant un moment. Notez son poids, sa forme et sa texture.

2 Si vous avez un bol plus grand, posez-le sur votre paume. S'il est petit, placez-le en équilibre sur le bout de vos doigts. Ne touchez pas ses bords, car cela assourdira le son. Vous pouvez aussi placer le bol sur un coussin matelassé à côté de vous.

3 Frappez le bol avec un maillet en bois. Écoutez le son et percevez la

Préparation

Procurez-vous un bol chantant tibétain.

vibration. Laissez-le résonner jusqu'à ce que le son s'estompe. Imaginez que votre souffrance, ainsi que celle de tous les autres êtres, disparaît avec lui.

4 Au lieu de frapper le bol, vous pouvez le faire "chanter". Frottez très doucement un maillet en bois contre son bord, avec une pression régulière. La vibration deviendra progressivement plus forte et, à son point culminant, générera un son. Imaginez que toute affection dont vous souffrez est guérie à mesure que le corps s'accorde aux vibrations du bol.

REGARDEZ LES ÉTOILES

Il n'y a rien de plus beau et de plus inspirant qu'un ciel nocturne parsemé d'étoiles. Prenez le temps d'admirer sa beauté et de méditer sur l'immensité de l'univers et sur la place que vous y tenez.

Avantages

- Confère une perspective quant à vos problèmes

- Aide à se rendre compte de l'immensité de l'univers

- Relaxe le corps et le mental

Méditation

Quand

Choisissez une nuit claire, quand le temps permet de rester dehors.

Préparation

Prenez une couverture confortable ou une chaise longue qui vous permet de rester presque allongé. Cherchez un endroit aussi sombre que possible, de préférence à la campagne, loin des lumières de la ville. Emportez une lampe torche et une veste.

Votre vie très occupée entretient la routine – courir du travail à la maison et de nouveau au travail. Il est important de faire une pause et de profiter de la beauté impressionnante du ciel nocturne. En levant le regard, vous vous sentirez certainement éclipsé par la magnificence et la taille de l'univers. Face à une telle immensité inconcevable, votre facture de gaz impayée ne sera plus si importante, votre anxiété quant au travail s'estompera, votre corps et votre mental seront soulagés de la pression quotidienne.

La prochaine fois que la vie semble vous submerger, attendez la nuit et regardez le ciel. Il n'y a rien que le monde puisse faire pour le concurrencer. Savourez le moment et sentez que vous êtes une partie du cosmos et de tout ce qu'il comprend.

Pratique

1 Étirez-vous sous les étoiles. Respirez profondément pendant quelques minutes et mettez-vous à l'aise.

2 Laissez-vous "tomber" dans le ciel nocturne. Laissez entrer dans votre conscience toute pensée ou émotion qui émerge et continuez en douceur. Restez autant que vous en avez envie.

3 Quand vous retournez à la maison, écrivez quelques lignes sur votre expérience, ainsi que toute prise de conscience quant à vos problèmes et à leur résolution.

MENTAL ÉMOTIONNEL

En méditant sur la respiration, les émotions autant que les pensées et les distractions extérieures risquent de vous faire dévier de votre voie. Leur accoler un nom aide à mettre en lumière les modèles émotionnels.

Avantages

- Révèle les émotions qui dominent le mental

- Aide à s'extraire des émotions négatives

- Favorise la capacité à se concentrer sur les moments de stress émotionnel

Les émotions comme la joie, la tristesse, la jalousie, la colère, le ressentiment, la fierté, la dépression, sont déclenchés autant par les réalités extérieures que par vos pensées. Rien de mal avec les émotions, mais les problèmes surviennent quand vous leur permettez de prendre le contrôle de votre vie. En identifiant vos émotions à mesure qu'elles émergent au cours de la méditation, vous apprendrez comment elles sont suscep-

tibles de vous bouleverser. Par exemple, en méditant sur votre respiration, vous pensez à un parent, puis à une occasion où il vous a blessé. La fureur pour son comporte-ment vous engloutit, votre cœur bat plus vite, votre visage rougit, vous oubliez que vous tentiez de méditer. Vous êtes pris en otage par vos émotions. En devenant conscient de la façon dont les pensées génèrent les émotions vous comprendrez où se trouvent vos blocages émotionnels.

Méditation

Quand

Essayez cette variante de la méditation sur la respiration pendant 10 minutes, matin et soir.

Préparation

Assurez-vous que votre espace de méditation est aussi silencieux et confortable que possible. Revoyez toute émotion dont vous avez conscience quand vous vous asseyez pour méditer.

Pratique

1 Asseyez-vous en tailleur sur un coussin, fesses légèrement surélevées. Si vous n'y arrivez pas, asseyez-vous sur une chaise. Gardez le dos droit, les épaules au même niveau, détendues, le menton parallèle au plancher. Baissez les yeux et fixez un point situé à environ un mètre devant vous. Reposez doucement les mains sur vos genoux.

2 Respirez normalement par le nez, à partir du ventre plutôt que de la poitrine. Surveillez votre posture et relaxez toute partie tendue de votre corps.

3 Commencez à compter votre cycle respiratoire sur l'expiration. En arrivant à 10, recommencez. Notez quelle émotion émerge quand une pensée apparaît. Étiquetez-la comme "bonheur" ou "peur" et revenez à votre concentration sur la respiration.

4 En méditant, acceptez toute émotion qui émerge. Notez à quel point les émotions peuvent s'avérer aussi éphémères que les pensées.

5 Méditez ainsi pendant une semaine. Notez si vous devenez plus conscient de vos émotions dans la vie quotidienne. Voyez s'il vous est plus facile de les accepter et peut-être de ne pas vous laisser emporter par elles.

TERRE-MÈRE

On passe beaucoup de temps en voiture, à l'intérieur et sur des rues pavées et asphaltées. De temps à autre, il est bon de se reconnecter physiquement avec la Tère-Mère.

Avantages

- Reconnecte physiquement avec la Terre

- Ancre les pensées et les émotions

- Stimule et relaxe simultanément le corps et le mental

La Terre, littéralement le sol et l'herbe sous nos pieds, nous soutient et nous nourrit comme une mère. On survit parce qu'elle fournit de la nourriture et de l'eau. Se reconnecter physiquement avec la Terre-Mère permet de ressentir la connexion avec le reste de l'univers. Se tenir pieds nus sur son "corps" s'avère très curatif à des époques de grand stress et de troubles. La sensation délicieuse du sol élastique sous les pieds et la douceur de l'herbe contre les orteils stimule l'ensemble du corps. En même temps, une profonde relaxation s'installe à mesure que la tension est éliminée.

Méditation

Quand

Pratiquez cette méditation dehors si le temps est agréable, de jour, si vous vous sentez particulièrement déconnecté, solitaire ou pas aimé.

Préparation

Trouvez un carré d'herbe loin de la circulation et des bruits.

Pratique

1 Mettez-vous pieds nus. Trouvez un endroit où vous pouvez vous tenir debout à l'écart des arbres environnants. Vos pieds sont écartés de la largeur des épaules, les bras pendent mollement sur les côtés. Respirez pendant quelques minutes en douceur, profondément.

2 Visualisez une forte énergie montant et descendant la colonne vertébrale, puis vos jambes. Restez avec elle. Imaginez qu'elle grandit et pénètre à travers vos pieds dans les profondeurs du sol.

3 Imaginez maintenant l'énergie nourrissante de la Terre-Mère revenant à travers vos pieds et montant vos jambes et votre colonne vertébrale. Percevez l'énergie qui circule à travers vous, relaxant et rajeunissant votre corps et votre mental.

4 Savourez cet échange énergétique tant que vous avez envie. Quand vous êtes prêt, allongez-vous sur l'herbe en étirant les bras et les jambes et reposez-vous.

ACCUEILLEZ LA JOURNÉE

Votre rituel quotidien peut impliquer de
vous lever dès que le réveil sonne, de
vous précipiter sous la douche, de vous
habiller et de manger, puis de courir au
travail. Pour changer, mettez le réveil
plus tôt et commencez la journée à
l'aube, expression quotidienne d'espoir
et de célébration des nouveaux
commencements de la Mère Nature.

Avantages

- Aide à laisser aller le passé
  et à recommencer

- Favorise l'espoir

- Calme et centre pour le
  jour qu'on aborde

Méditation

Quand

Effectuez cette méditation à l'aube, au grand air.

Préparation

Prenez votre chaise ou votre coussin,
éventuellement une couverture pour
vous protéger de la fraîcheur de l'herbe
humide rosée. Habillez-vous
chaudement.

Même si vous réglez le réveil de bonne heure pour voir le lever du soleil, il se peut que vous soyez pressé. Dans ce cas, essayez cette méditation le week-end. Mettez le réveil un peu avant l'aube, quand le ciel nocturne commence à s'éclairer et les oiseaux à chanter. Les moines et les nonnes les plus contemplatifs, catholiques et bouddhistes, commencent leur journée vers 3 ou 4 heures du matin. Ils accueillent la première lumière par la prière et la méditation. Pour les Amérindiens de la tribu Lakota, le lever du soleil est la manifestation de *Wakan Tanka*, équivalent du Dieu de la tradition judéo-chrétienne. Accueillir l'aube est une merveilleuse façon de commencer la journée – en harmonie avec les rythmes de la nature et en contact avec votre âme.

Pratique

1 Trouvez un endroit orienté vers l'est et asseyez-vous là juste avant le lever du soleil. Prenez quelques respirations profondes et installez-vous confortablement.

2 Portez votre attention sur les bruits des oiseaux et des animaux en train de s'éveiller, de la terre sous vos pieds et du ciel au-dessus de vous. Percevez votre énergie et soyez conscient que la terre rencontre le ciel à travers vous.

3 À mesure que le ciel s'éclaire à l'est et que la nuit laisse la place au jour, relâchez tout sentiment d'échec ou de regret. Accueillez le matin avec tendresse et ressentez celle-ci aussi pour vous-même et les autres. Admettez ce qui a été perdu et célébrez un nouvel commencement.

4 Restez assis dans une contemplation silencieuse jusqu'à ce que vous soyez prêt à attaquer la journée.

CRÉPUSCULE TIBÉTAIN

Utilisez cette méditation quand vous êtes déprimé et abattu à propos de votre vie. Laissez un beau coucher de soleil faire disparaître le cafard.

Avantages

- Utile en cas de dépression
- Aide à laisser aller la douleur et la déception
- Calme l'agitation et l'inquiétude

Méditation

Quand

Pratiquez cette méditation en fin de journée, à chaque fois que vous vous sentez débordé et déprimé.

Préparation

Trouvez un endroit où assister au coucher de soleil par temps clair.

Pratique

1 Tenez-vous debout, tourné vers le soleil couchant. Laissez-vous percevoir pleinement votre dépression et vos inquiétudes. Contemplez le fait que tout est impermanent, même les terribles erreurs que vous avez faites ou votre dépression actuelle qui ne semble pas vouloir disparaître.

2 À mesure que le soleil descend à l'horizon, mettez-vous sur la pointe des pieds. Quand il disparaît peu à peu, visualisez toutes vos inquiétudes, problèmes, échecs et erreurs partir avec

Parfois, vous avez eu une mauvaise journée, une très mauvaise journée, peut-être même toute une série de mauvaises journées et vous vous sentez submergé et déprimé par vos échecs et vos erreurs. Offrez-vous littéralement un remontant avec cette méditation pratiquée jadis au Tibet. Les bouddhistes l'utilisent pour laisser aller la négativité du jour et méditer sur l'impermanence de toutes les choses, positives et négatives. Cette méditation remonte le moral, car vous vous tenez littéralement sur la pointe des pieds.

lui. Restez sur la pointe des pieds jusqu'à sa disparition totale.

3 Revenez à votre posture normale. Imaginez que tous vos problèmes ont disparu avec le soleil couchant. Concentrez-vous maintenant sur le présent et l'avenir. Visualisez-vous prendre un nouveau départ, avec une énergie renouvelée et un regard nouveau pour les autres et vous-même.

POUVOIR DES FLEURS

Les fleurs extrêmement belles sont une puissante source d'inspiration. Méditer sur les fleurs élève le moral et apaise l'âme.

Avantages

- Offre une influence apaisante à des moments de stress
- Inspire l'appréciation de la beauté de la nature
- Favorise la guérison
- Réconforte le chagrin

Une rose, un iris, un lis – les fleurs offrent au mental une beauté fantastique, presque choquante. Elles concentrent l'attention, énergisent et calment le corps et le mental stressé. Outre leur extrême beauté, les fleurs ont un riche symbolisme. Pour les chrétiens, la jonquille symbolise la résurrection du Christ, les violets, la Vierge. Le prophète Mohammed tenait les violettes pour des symboles de ses enseignements.

Les fleurs ont une puissante influence sur les êtres humains, et pour une bonne raison. Leur beauté fragile capte l'imagination et leur présence même

Méditation

Quand

Méditez sur les fleurs quand vous êtes en proie à la maladie ou à la perte d'un être cher.

Préparation

Cueillez une fleur dans votre jardin ou achetez-en une. Placez-la dans un vase sur la table devant vous, juste à hauteur du regard.

Pratique

1 Asseyez-vous sur une chaise ou sur un coussin. Prenez quelques respirations profondes et laissez de côté toute inquiétude ou distraction. Concentrez-vous sur la fleur devant vous. Videz votre mental et respirez normalement.

2 Observez la beauté unique de la fleur. Inspirez sa fragrance. Visualisez le parfum remplissant votre corps et guérissant toute maladie ou problème de santé dont vous souffrez. Si vous avez du chagrin pour une personne aimée, laissez couler vos larmes et permettez à l'essence de votre fleur d'apaiser votre cœur brisé.

3 Terminez la méditation quand vos émotions sont calmes et la respiration profonde et normale.

élève le moral et guérit. Si vous n'avez pas fait attention aux fleurs, essayez de les reconnaître en tant qu'objets de méditation.

PRIÈRE DE CENTRAGE

La plupart des traditions religieuses ont une forme de prière de centrage. Cette méditation est basée sur la tradition chrétienne.

Avantages

- Connecte avec le sacré
- Centre dans la pratique spirituelle
- Contrecarre la concentration sur le matérialisme
- Équilibre les émotions

Méditation

Quand

Pratiquez la méditation de la prière de centrage à chaque fois que vous pensez avoir perdu le contact avec votre vie spirituelle.

Préparation

Cherchez dans une bibliothèque ou dans une librairie des livres traitant de la spiritualité.

Cette prière est tirée des pratiques de prière d'une ancienne tradition chrétienne contemplative, notamment du *Nuage de la non connaissance*, rédigé par saint Jean de la Croix et sainte Thérèse d'Avila au XVIe siècle. Trois moines trappistes, William Meninger, Basil Pennington et Thomas Keating, l'ont traduite dans cette méthode simple de prière dans les années 1970.

La prière de centrage est basée sur la méditation sur un seul mot, que vous tenez pour sacré. L'intention est d'inviter Dieu ou le Sacré dans votre cœur et votre vie, pour obtenir équilibre et direction dans un monde très laïque.

Pratique

1 Commencez par un texte spirituel qui vous inspire. Permettez à une parole qui résonne en vous d'émerger de votre lecture : par exemple Dieu, Bouddha, Jésus, amour, paix. Ce mot sacré exprime votre intention à l'égard de Dieu ou du Sacré, afin qu'il pénètre dans votre cœur et qu'il soit présent dans votre vie.

2 Asseyez-vous à l'aise, yeux fermés, et méditez sur votre mot. Lorsque vous réalisez la présence de pensées ou de distractions, revenez à votre mot sacré. Méditez ainsi 20 minutes.

3 À la fin de votre prière, restez silencieux, yeux fermés, pendant quelques autres minutes. Notez l'effet de cette prière sur votre vie quotidienne.

PAIX SUR TERRE

Les combats et les conflits font les gros titres dans le monde entier. Pratiquez cette méditation si vous vous sentez submergé et attristé par l'état actuel du monde.

Avantages

- Atténue la peur et l'anxiété
- Favorise la paix personnelle et mondiale
- Confère pouvoir quand on se sent impuissant

La télévision et l'Internet vous offrent des informations en direct 24 heures sur 24. Souvent, celles-ci concernent la violence, la guerre, les conflits en tous genres. Il est facile de se sentir débordé, désespéré et impuissant ou de refouler ses sentiments, qui se manifesteront par des nuits sans sommeil ou d'autres problèmes liés au stress. Essayez cette méditation quand vous réalisez que ce sont là les causes de votre stress, que ce soit directement dans votre vie ou de l'autre côté du globe.

Méditation

Quand

Pratiquez cette méditation quand vous êtes effrayé, débordé et désespéré à propos de l'état du monde.

Préparation

Lisez le journal ou écoutez les infos pendant quelques jours. Identifiez toute peur ou anxiété qui émerge suite à ce que vous lisez ou entendez.

Pratique

1 Trouvez un endroit tranquille chez vous ou à l'extérieur. Asseyez-vous confortablement. Respirez profondément pendant quelques minutes.

2 Pensez à un conflit particulier qui vous affecte. Essayez de rester objectif, sans favoriser qui que ce soit. Admettez que tant l'agresseur que l'agressé souffrent.

3 Générez le désir que tous les êtres impliqués guérissent leur colère et leur douleur. Incluez-vous dans ce vœu. Visualisez un être sacré, Dieu, Bouddha, Krishna, la Vierge ou votre pouvoir supérieur. Imaginez une lumière blanche rafraîchissante et curative émanant de cet être vers vous, remplissant votre corps et calmant toute colère ou peur.

4 Envoyez cette lumière à partir de votre cœur vers ceux qui sont en guerre. Visualisez la fin de leur conflit et le commencement d'une vie de paix. Terminez votre séance de méditation quand vous vous sentez prêt.

ORAGE ÉMOTIONNEL

De temps à autre, vous risquez de vous retrouver dans un climat émotionnel difficile. Vous pouvez même être désorienté par votre colère ou jalousie. Utilisez cette méditation pour calmer l'orage.

Avantages

- Calme la colère et les autres émotions négatives
- Guérit et transforme les émotions négatives
- Favorise la compassion envers soi-même et les autres

Si vous êtes consumé par la colère ou la fureur à propos d'un membre de votre famille ou d'une situation au travail, la méditation est une bonne façon de vous calmer et de voir autrement vos émotions et les circonstances. Sous votre colère, vous êtes blessé, sur la défensive ou désorienté. L'antidote est la patience et la compassion envers vous-même et envers la personne contre laquelle vous êtes furieux. Invoquer un être supérieur qui est l'incarnation de la compassion apaisera le feu de vos émotions et vous offrira un petit espace où évaluer la situation d'une manière plus équilibrée.

Méditation

Quand

À chaque fois que vous êtes dans les affres de la colère ou de la jalousie.

Préparation

Trouvez un endroit tranquille, éloigné de la personne ou de la situation qui a provoqué votre colère, où vous ne serez pas dérangé pendant au moins 15 minutes.

Pratique

1 Asseyez-vous confortablement, le dos droit. Si vous avez trop de mal à vous tenir debout, allongez-vous sur le dos. Calmez-vous en prenant quelques respirations profondes, puis respirez normalement.

2 Concentrez votre attention sur les émotions que vous ressentez. Essayez de ne pas les analyser, seulement de les éprouver.

3 Imaginez le visage de l'être le plus compatissant, attentif, gentil, auquel vous pouvez penser – peut-être Dieu, Bouddha, la Vierge, un maître particulier,

etc., même un être que vous ne connaissez pas. Pensez-y comme à la manifestation de l'Esprit ou juste comme à un être compatissant et attentif.

4 Passez quelques minutes en présence de cet être. Parlez-lui de votre colère, fureur ou jalousie, à haute voix ou en silence.

5 Envoyez vos émotions négatives à cet être affectueux pour qu'elles soient guéries et transformées. Asseyez-vous en silence pendant quelques minutes et achevez la méditation.

VIVRE ATTENTIVEMENT

MÉDITATIONS POUR VIVRE ATTENTIVEMENT

Maintenant que vous avez calmé et stabilisé votre mental, vous êtes prêt à explorer les méditations qui vous aident à devenir plus attentif et plus conscient. En pratiquant la méditation attentive, vous apprendrez à focaliser votre conscience et à l'élargir.

Vous pouvez pratiquer l'attention partout, à tout moment. En méditant assis, vous accroissez votre capacité à la faire entrer dans votre vie quotidienne, vous devenez plus capable de rester présent au travail lors des réunions et de la mise au point des projets. Les distractions sont écartées. Les relations s'améliorent quand vous pouvez être totalement présent pour vos proches.

Vivre attentivement dans le moment présent enrichit énormément la vie. Vous commencez à apprécier le pouvoir et la beauté de tout ce qui vous entoure – depuis la superbe couleur d'une rose rouge foncé au visage sensible d'une vieille femme dans le train. Votre monde s'élargit et s'approfondit.

L'attention n'est pas seulement dirigée vers l'extérieur. Vous explorerez votre vaste monde intérieur et élargirez votre compréhension du mental, du corps et des émotions par des méditations focalisées. Vous commencerez à vous rendre compte de vos habitudes et de vos modèles mentaux et émotionnels, et déciderez s'ils sont utiles ou non.

La première méditation, le "Verre à moitié plein" aide à apprécier ce que vous risquez de tenir pour normal, alors que le "Mental du singe" et "Que pensez-vous ?" incitent à faire attention à vos pensées. "Vous avez un corps" reconnecte avec celui-ci, "Quelle est mon attitude ?" rend conscient des trois principales attitudes prises envers toutes les choses et tous les gens. Si vous voulez aboutir à une conscience qui ne porte pas des jugements, essayez "Feuille d'automne". L'"Écoute consciente" permet d'apprendre à écouter avec une attention totale. "Une Méditation savoureuse" et "Fruit mûr" enseignent la conscience sensuelle. Si vous voulez faire l'expérience des sensations subtiles du corps, essayez "Sur un battement du cœur".

"L'Attention émotionnelle" n'a pas besoin d'explication. "La Vaisselle" et "Les Courses" changeront à jamais l'image que vous avez de ces activités. Si vos sentiments sont mitigés quant aux dépenses, "Consommation équitable" vous aidera à acheter avec attention. "Seulement en ce moment" met en évidence ce point. Laissez aller le stress des multi-tâches avec "Une chose à la fois". "Le Regard fait tout" enseigne l'attention dans le couple, "Observez les médias" et "Le Cadet de l'espace" sont destinés à la partie de vous qui veut s'évader. Dernière et probablement la plus importante, "La Vie est courte", vous motive à faire attention à chaque minute.

LE VERRE À MOITIÉ PLEIN

Il est facile de tenir ce que vous avez pour normal et être toujours insatisfait. Vous concentrer sur vos bénédictions peut transformer votre mental et votre vie.

Avantages

- Offre un antidote contre l'insatisfaction chronique
- Accroît la conscience de ce qu'on possède
- Aide à rester dans le moment présent

Il est tellement facile de se laisser piéger par un sentiment chronique de manque, encouragé par une culture qui inculque qu'on n'a jamais assez et que rien n'est suffisamment bon. Vous risquez de faire une fixation sur la nouvelle voiture, la meilleure relation, les nouvelles serviettes ou le nouvel endroit pour vivre dont vous avez envie. Vous avez dû le remarquer, la vie devient misérable si le verre est toujours à moitié vide. Regarder constamment vers l'avenir signifie que vous ne prêtez pas vraiment attention à votre vie présente. En méditant tous les jours sur la gratitude, vous diminuez votre degré d'insatisfaction et vous êtes plus content de la vie qui est vôtre. Le bonheur, vous le découvrirez, est en fin de compte un état d'esprit.

Méditation

Quand

Si vous désirez avoir certaines choses qui vous manquent.

Préparation

Notez par écrit tout ce que vous voulez avoir. Puis notez 10 choses pour lesquelles vous êtes reconnaissant.

Pratique

1 Trouvez un moment de solitude dans un endroit où vous ne serez pas dérangé. Asseyez-vous confortablement. Après avoir effectué la préparation ci-dessus, relisez les 10 choses énumérées.

2 Générez un sentiment sincère de gratitude pour chaque article de votre liste. Si vous êtes reconnaissant pour votre santé, remerciez votre chance. Si vous avez une voiture, quel que soit son état, soyez sincèrement content d'avoir un moyen de transport. Si vous avez un partenaire, pensez à ses merveilleuses qualités et soyez heureux qu'il fasse partie de votre vie.

3 Après avoir parcouru en entier votre liste, asseyez-vous tranquillement et dites merci à Dieu, à l'univers, à vous-même ou à qui vous voudrez, pour les dons dont vous jouissez. Décidez tous les jours d'être attentif et reconnaissant pour les bénédictions reçues.

LE MENTAL DU SINGE

À l'état de veille, vous pensez sans cesse. Votre mental saute d'une pensée à une autre, comme un singe sautant de branche en branche. Cette méditation vous aidera à devenir plus attentif à ce que vous pensez.

Avantages

- Enseigne à faire attention à ses pensées

- Révèle la nature souvent erratique du processus réflexif

- Aide à se concentrer et à se focaliser

Il vous est probablement déjà arrivé de partir au travail ou pour faire des courses, de vous plonger dans les pensées et de vous "éveiller" en vous garant sur le parking. Durant le voyage, des centaines de pensées, d'images et d'impressions ont traversé votre esprit. Certaines de ces pensées ont déclenché des émotions, qui à leur tour ont débouché sur d'autres pensées. C'est comme si la voiture se dirigeait toute seule.

Cette méditation est conçue pour vous aider à surveiller votre mental et sa tendance à sauter sans cesse d'une pensée à une autre. Vous deviendrez ainsi plus attentif à ce que vous pensez, ce qui facilitera par la suite la concentration sur la tâche ou le sujet choisi.

Méditation

Quand

Cette méditation est utile quand vous êtes chroniquement distrait, quand vos pensées sont dispersées ou quand vous avez du mal à vous concentrer.

Préparation

Avant de pratiquer cette méditation, essayez de surveiller votre mental pendant quelques jours en conduisant ou en prenant les transports en commun. Notez de quelle façon une pensée débouche sur une autre. Placez à portée de main crayon, papier et montre. Cette méditation peut être pratiquée partout, à tout moment. Si vous voulez vous asseoir en posture de méditation, c'est parfait.

Pratique

1 Prenez quelques respirations profondes pour vous concentrer sur cette méditation. Commencez à surveiller vos pensées. Notez à quelle vitesse et de quelle manière votre mental saute d'une idée, impression et pensée à une autre.

2 Remontez aux quelques minutes précédentes et essayez de vous rappeler ce que vous pensiez. Tracez la manière dont vous êtes arrivé à ce que vous pensez maintenant.

3 Regardez une montre pendant 60 secondes. Marquez d'un trait de crayon chaque changement de vos pensées.

4 Faites entrer cette conscience du "mental du singe" dans votre vie quotidienne. Prêtez davantage attention à vos pensées au lieu de vous perdre en elles.

QUE PENSEZ-VOUS ?

Noter le contenu de vos pensées lorsque vous méditez sur la respiration aide à découvrir les modèles de réflexion et de faire davantage attention aux processus de pensée.

Avantages

- Aide à être attentif aux modèles de réflexion
- Favorise l'intuition à propos des inquiétudes et des soucis
- Identifie et à change les modèles de pensée négatifs

Vous pouvez apprendre beaucoup sur vous-même en faisant attention aux pensées qui émergent au cours de la méditation sur la respiration. Vous pouvez identifier vos blocages émotionnels et intellectuels. Au fil du temps, vous observerez certaines "habitudes", comme les inquiétudes quant à l'amour du partenaire, la colère à propos de l'attitude du patron. En classant le contenu des pensées récurrentes, vous pouvez mieux analyser votre réflexion, donc changer les modèles négatifs ou malsains, comme la crainte excessive ou le fait de porter des jugements.

Méditation

Quand

Essayez cette variante de la méditation sur la respiration pendant 10 minutes, matin et soir.

Préparation

Trouvez un endroit tranquille dans la maison où vous ne serez pas dérangé. Avant de commencer, demandez-vous si votre mode de réflexion suit un quelconque modèle, ou si vous avez des pensées récurrentes. Vous inquiétez-vous à propos de l'argent ou fantasmez-vous souvent sur un éventuel partenaire sexuel ? Passez-vous votre temps à tramer des vengeances pour des blessures anciennes ?

Pratique

1 Asseyez-vous en tailleur sur un coussin, fesses légèrement surélevées. Si vous ne pouvez pas vous asseoir ainsi, asseyez-vous sur une chaise. Gardez le dos droit, les épaules au même niveau, le menton parallèle au plancher. Abaissez le regard et fixez-le sur un point situé à environ 1 mètre devant vous. Reposez gentiment les mains sur vos genoux.

2 Respirez normalement par le nez, à partir de l'abdomen plutôt que de la poitrine. Surveillez votre posture et relaxez toute partie tendue du corps.

3 Commencez à compter vos respirations. En arrivant à 10, recommencez. Quand des pensées interviennent, notez leur contenu. Par exemple, si vous pensez à des problèmes financiers, notez en silence ce fait et recommencez à compter votre respiration.

4 Méditez pendant environ 10 minutes. À la fin de votre séance, notez les pensées émergées. Faites-le une fois par semaine, en observant tout modèle récurrent. Notez si vous pensez à une chose ou aux changements d'une personne.

VOUS AVEZ UN CORPS

La méditation attentive sur les sensations physiques permet de devenir plus conscient de votre corps. Si vous avez été séparé mentalement de celui-ci, cette méditation aidera à rétablir cette connexion.

Avantages

- Aide à devenir plus conscient du corps
- Favorise l'équilibre du corps et du mental
- Révèle le lien entre symptômes physiques et psychologiques

Êtes-vous de ceux qui ne sont conscients qu'à partir du cou vers le haut ? La plupart du temps, avez-vous une idée de la manière dont votre corps se porte ? En devenant conscient des sensations physiques comme la tension musculaire, le frottement des vêtements contre la peau, la raideur du cou, la reconnexion avec votre corps vous aidera à mieux comprendre vos émotions et à créer des conditions pour une meilleure santé. Vous rendez-vous compte que vos mâchoires se crispent dans la colère ou que la respiration devient superficielle en cas de peur ? Voûtez-vous constamment les épaules sans même le savoir ? Avec le temps, cette prise de conscience des sensations de votre corps vous permettra de rester en bonne santé, mentale et physique.

100

Méditation

Quand

Essayez cette méditation attentive à chaque fois que vous vous sentez déconnecté de votre corps.

Préparation

Avant de méditer, allongez-vous sur le lit ou sur le plancher. Explorez tout votre corps, depuis les orteils jusqu'au sommet de la tête et notez toute sensation ou zone de tension.

Pratique

1 Asseyez-vous sur un coussin ou une chaise, le dos aussi droit que possible, mais relaxé. Calmez votre mental en observant votre respiration.

2 Faites passer la concentration à une autre partie de votre corps. Choisissez-en une partie facile à percevoir, comme le cou ou le genou. Toute votre conscience se focalise sur cette partie. Essayez de fusionner avec toute sensation ressentie, que vous observez sans penser qu'elle est plaisante ou déplaisante.

3 Éprouvez-vous une contraction, une impression de brûlure, un picotement ? Y a-t-il une combinaison de plusieurs sensations ? Changent-elles au fil du temps ? Concentrez-vous sur la partie respective du corps. Si les pensées vous envahissent, ramenez votre conscience là-dessus.

4 Si vous le voulez, passez à une autre partie de votre corps et répétez l'exercice. Quand vous êtes prêt, mettez fin à la méditation. Essayez de faire entrer cette attention accordée à votre corps dans votre vie quotidienne.

QUELLE EST MON ATTITUDE ?

Quand vous rencontrez quelqu'un ou quelque chose, vous éprouvez d'habitude soit de l'attirance, soit de l'aversion, soit de l'indifférence. En utilisant la méditation pour devenir conscient de vos attitudes vous aboutissez à un plus grand équilibre mental et à une stabilité plus considérable.

Avantages

- Favorise la paix et l'équanimité
- Aide à gérer les hauts et les bas de la vie
- Rappelle que tout change avec le temps

L'habitude de tout classer en trois catégories finit par devenir épuisante et douloureuse. S'accrocher aux attitudes est un déni de la réalité du changement incessant. Cultiver un sentiment d'ouverture et d'acceptation vous aidera à affronter les difficultés de la vie avec grâce et souplesse.

Méditation

Quand

Essayez cette méditation quand vous vous sentez très porté sur les jugements ou devenez égocentrique au contact des autres.

Préparation

Quelques jours avant cette méditation, commencez à observer la façon dont vous classez les expériences et les gens rencontrés en l'une de ces trois catégories : agréable, déplaisant, indifférent.

Pratique

1 Trouvez un endroit tranquille dans la maison, où vous ne serez pas dérangé. Asseyez-vous sur un coussin ou une chaise au dossier droit. Choisissez un objet, une situation ou une personne sur laquelle vous concentrer pour cette séance de méditation. Prenez le temps de créer mentalement une image vivace et détaillée de l'objet choisi.

2 En méditant, laissez émerger vos sentiments et notez soigneusement votre attitude. Ne supprimez pas une attitude négative, ne la modifiez pas pour qu'elle corresponde à ce que vous pensez devoir ressentir. Acceptez sans jugement toute attitude qui se manifeste.

3 Posez-vous une série de questions pour analyser plus minutieusement votre attitude. Avez-vous déjà eu cette attitude à l'égard de cet objet ou de cette personne ? Qu'est-ce qui a incité cette attitude ? Que pourrait la faire changer ? Notez toute sensation corporelle émergente.

4 À mesure que s'approfondit la compréhension de votre attitude, rappelez-vous que vos sentiments sont ceux d'aujourd'hui. Essayez de cultiver une attitude d'équanimité, autrement dit de ne porter aucun jugement. Rappelez-vous que les attitudes, comme tout le reste, changent avec le temps.

FEUILLE D'AUTOMNE

Observer sans porter de jugement est difficile pour tout le monde. C'est regrettable que les catégorisations et les jugements empêchent de faire l'expérience directe de la vie. Essayez cette méditation simple pour percevoir plus en détail et avec plus de joie la nature.

Avantages

- Approfondit l'expérience de la nature

- Intensifie l'expérience sensuelle

- Favorise la relaxation et le sentiment de connexion avec l'ensemble de la vie

Au XXIe siècle, l'expérience de la nature vient surtout de la télévision et des livres et moins de la vie au grand air. Ces interprétations de la nature entraînent la classification et le jugement : le plus beau lieu de vacances, la fleur la plus rare, la tomate couronnée d'un grand prix. Au lieu d'intellectualiser la nature, revenez vers elle en personne à chaque fois que l'occasion se présente et faites-en l'expérience directe.

Méditation

Quand

Pratiquez cette méditation quand vous vous sentez séparé de la nature et loin de l'expérience directe de la vie.

Pratique

1 Marchez pendant quelques minutes dans le parc ou les bois, en vous concentrant sur votre respiration. Essayez de faire le vide dans votre mental.

2 Arrêtez-vous, ramassez une feuille tombée et tenez-la dans la main. Notez si vous portez un quelconque jugement sur la feuille – à propos de son aspect, de sa

Préparation

Choisissez un parc ou une forêt où vous promener, de préférence à l'automne, quand les feuilles changent de couleur.

taille ou de sa couleur – ou si vous la comparez à une autre, restée par terre. Essayez de laisser aller toute pensée ou tout jugement à ce sujet.

3 Commencez par regarder la feuille, comme si vous étiez un Martien et n'aviez jamais vu une feuille. Observez sa forme exquise, sa couleur, les nervures délicates partant de son centre. Si elle présente des parties fanées suite aux attaques des insectes ou à la décomposition, voyez aussi celles-ci comme belles et parfaites.

4 Passez du temps à voir ainsi la feuille. Essayez d'appliquer ce mode de vision au reste de votre vie. Notez si vous vous sentez plus relaxé, plus satisfait et plus

ÉCOUTE CONSCIENTE

Une blague dit qu'à New York il n'y a que ceux qui parlent et ceux qui attendent de prendre la parole. Elle est probablement plus vraie qu'on pourrait le croire. Cette méditation aide à apprendre à écouter les autres avec une attention totale.

Avantages

- Enseigne à écouter attentivement
- Favorise l'empathie
- Amoindrit l'égocentrisme

Méditation

Quand

Essayez cette méditation quand la communication avec les autres passe mal.

Préparation

Choisissez une personne avec laquelle vous aimeriez communiquer mieux. Avant de la rencontrer, visualisez-la. Réfléchissez à vos similarités – comme vous, elle veut être heureuse et éviter la souffrance.

Pratique

1 Quand vous rencontrez la personne choisie, assurez-vous que votre conversation reste confidentielle. Posez-lui une question.

2 Quand elle répond, faites un effort pour ne pas anticiper ce qui sera dit. Commencez à réfléchir à ce que vous direz à votre tour. Essayez d'écouter attentivement ce qu'elle transmet – avec sa voix, ses émotions,

Toutes les méditations ne sont pas pratiquées en étant assis sur un coussin, loin des autres. Vous pouvez apprendre à méditer ou à diriger votre attention et votre conscience dans n'importe quelle situation : au bureau, avec les membres de votre famille, même au guichet de votre banque.

son langage corporel. Ne jugez pas, ne projetez pas vos idées sur ce qu'elle exprime.

3 Remarquez à quel point vous entendez davantage de choses quand vous accordez à une autre personne ce genre d'attention compatissante focalisée. Observez si cela améliore la qualité de vos relations.

UNE MÉDITATION SAVOUREUSE

Non seulement nous consommons de la nourriture sans valeur nutritive, mais nous mangeons aussi à toute vitesse ! Essayez de ralentir pour savourer votre nourriture avec grande attention.

Avantages

- Favorise l'alimentation attentive, consciente
- Aide à passer à des aliments plus sains
- Accroît la finesse du goût

Manger lentement et avec attention ajoute au plaisir des repas. Non seulement ils ont plus de goût, mais en mangeant consciemment vous êtes plus à même de vous nourrir sainement.

Méditation

Quand

Vous pouvez pratiquer cette méditation chez vous, que vous déjeuniez ou non.

Préparation

Préparez un repas sain, équilibré.

Pratique

1 Disposez les plats sur votre table et asseyez-vous. Ne commencez pas immédiatement à manger, prenez le temps de vous relaxer et d'apaiser votre mental. Implantez votre intention de manger avec attention pour devenir une personne en meilleure santé. Exprimez de la gratitude pour la nourriture que vous êtes sur le point de consommer.

2 Prenez votre fourchette et portez un peu de nourriture à votre bouche. Remettez en place votre fourchette. Mastiquez soigneusement. Concentrez-vous sur les sensations de votre langue, de vos dents et de votre gorge quand vous avalez. Notez le goût. Est-il sucré, âcre, amer, épicé ? Un amalgame est très probable.

3 Quand vous avez saisi toutes les saveurs de la première bouchée, prenez-en une autre. Observez ce qui apparaît dans votre mental. Êtes-vous frustré de manger si lentement ? Anticipez-vous la prochaine bouchée avant d'avoir fini celle-ci ? Mangez-vous encore quand votre estomac est plein ?

4 Essayez de laisser aller votre fardeau émotionnel à propos de la nourriture et savourez les goûts, comme si vous mangiez pour la première fois. Essayez de faire attention à votre alimentation quotidienne.

FRUIT MÛR

L'association "Manger lentement", originaire d'Italie, prône la restauration du plaisir sensuel et des ingrédients de qualité pour cuisiner et manger. Cette méditation vous rend encore plus attentif à vos sensations.

Avantages

- Favorise la finesse des sens
- Aide à manger en faisant davantage attention
- Intensifie le plaisir

Méditation

Quand

Pratiquez cette méditation quand vous mangez mal ou quand vous avez ressenti l'absence de joie et de plaisir dans votre vie.

Préparation

Allez au marché bio, si possible, et choisissez un fruit mûr : prune, pomme, poire, fraise, celui qui vous met d'avance l'eau à la bouche.

Pratique

1 Placez votre fruit sur un beau plat et mettez-le sur la table de votre dîner. Asseyez-vous.

2 Passez un peu de temps à regarder le fruit, sa couleur, sa forme, sa texture. Si c'est une prune, regardez sa belle peau violacée. Si c'est une fraise, observez les minuscules grains de sa surface. Prenez-la et examinez-la attentivement. Portez-la à votre nez et inspirez à fond.

Un morceau de fruit bio, mûr, non traité par des substances chimiques, de la cire ou des aérosols, est un délice pour le nez, les yeux et la langue. Le savourer lentement et soigneusement accroît le plaisir et sert de rappel : faites davantage attention aux sens dans tous les domaines de votre vie.

3 Fermez les yeux et mordez lentement dedans. Laissez le goût du fruit exploser dans votre bouche. Mastiquez très lentement, en savourant la chair et le jus. Continuez ainsi.

4 Quand vous l'avez fini, notez tout arrière-goût. Restez tranquillement assis et exprimez la gratitude pour cette belle expérience sensuelle.

SUR UN BATTEMENT DU CŒUR

Méditer sur les sensations subtiles du corps, comme les battements du cœur, intensifie la perception qu'on en a au cours des activités quotidiennes. Devenir conscient de votre corps et de votre environnement vous aide à rester enraciné dans le présent.

Avantages

- Intensifie la conscience des sensations corporelles
- Aide à apprécier le corps et la vie
- Encourage la vie dans le moment présent

Votre cœur est magnifique. Il vous garde en vie jour après jour, pompant continuellement sans rien exiger de vous, sauf que vous mangiez correctement et fassiez de l'exercice de temps à autre. En prêtant attention aux superbes battements de votre cœur, vous serez inspiré à mieux prendre soin de vous.

Méditation

Quand

Méditez sur les battements de votre cœur une fois par semaine, quand vous disposez d'au moins 20 minutes.

Préparation

Pratiquez de temps à autre la méditation "Vous avez un corps" des pages 100 et 101 avant d'essayer la méditation ci-après.

Pratique

1 Asseyez-vous sur une chaise au dossier droit ou sur un coussin, dans une pièce tranquille où vous ne serez pas dérangé par le bruit ou d'autres intrusions. Concentrez-vous sur la respiration pendant quelques minutes.

2 Choisissez une zone de votre corps où vous pouvez percevoir les battements de votre cœur : poitrine, cou, poignet, etc. Concentrez-vous là-dessus pendant quelques minutes.

3 Élargissez votre conscience à toutes vos veines et artères et percevez le sang circuler à travers votre cœur et se diriger vers le reste de votre corps. Observez si la circulation s'accélère ou ralentit. Si des pensées interviennent, ramenez votre conscience et concentration sur les battements du cœur.

4 Achevez votre méditation quand vous êtes prêt. Exprimez la gratitude pour votre merveilleux corps et votre cœur exceptionnel qui vous sert si fidèlement jour après jour. Décidez de prendre soin aussi bien que possible de votre corps.

ATTENTION ÉMOTIONNELLE

Vos émotions vous ont été présentées lors de la partie sur le centrage et l'apaisement. Vous avez appris à les nommer et à revenir à la respiration. Lors de cette méditation, vous vous concentrerez sur votre état émotionnel.

Avantages

- Aide à admettre que les états émotionnels sont transitoires
- Accroît l'acceptation des émotions
- Permet de ne pas s'identifier avec ses émotions

Parmi les états émotionnels très familiers on trouve la joie, la tristesse, la jalousie, la colère, le ressentiment, l'excitation, la fierté, la dépression. De par l'expérience de la vie, vous pouvez ressentir n'importe lequel de ces états. Parfois, ceux-ci naissent de vos attitudes ; par exemple, si vous êtes très attaché à quelqu'un vous risquez de devenir jaloux s'il accorde son attention à un tiers. Si vous jugez quelqu'un de façon négative, vous risquez d'être en colère contre lui. Ce ne sont pas les émotions qui sont un problème, car nous y sommes tous soumis. Le problème apparaît quand vous vous identifiez à votre colère. Au lieu de dire : "Je suis furieux", essayez de dire : "Il y a de la colère dans l'air", ce qui empêchera vos émotions d'éclater et de prendre le contrôle. En faisant attention à vos émotions, vous arriverez à les accepter et resterez ainsi aux commandes.

Méditation

Quand

Pratiquez cette méditation pendant 20 minutes à chaque fois que vous vous sentez émotionnellement débordé ou que vous perdez le contrôle.

Préparation

Avant de tenter celle-ci, pratiquez la méditation du "Mental émotionnel" des pages 74 et 75.

Pratique

1 Asseyez-vous confortablement sur un coussin ou une chaise. Devenez conscient de toute émotion ressentie en ce moment. Êtes-vous heureux, triste, déprimé, furieux, désorienté, effrayé ?

2 Examinez votre état émotionnel dominant comme un observateur neutre, en essayant de ne pas vous identifier à l'émotion. Si celle-ci est déplaisante, restez avec elle. Si vous pensez qu'elle est superflue, ne la réprimez pas. Acceptez-la et ne portez pas de jugement.

3 Notez à quel endroit de votre corps vous ressentez votre colère, tristesse ou toute autre émotion. Quelle image mentale accompagne votre état émotionnel ? Questionnez vos émotions et déterminez de quelle manière elles vous affectent.

4 Souvenez-vous que vous n'êtes pas vos émotions, qu'elles sont transitoires et impermanentes. Amenez cette attention émotionnelle dans la vie quotidienne.

LA VAISSELLE

Comment faire la vaisselle peut-elle devenir une méditation ? La tradition zen vous encourage à effectuer chaque action avec une conscience et une attention totales.

Avantages

- Aide à se concentrer sur l'action en cours

- Transforme les corvées ordinaires en pratique spirituelle

- Enseigne l'attention quotidienne

Méditation

Quand

Pratiquez après chaque repas en faisant la vaisselle.

Préparation

Servez un repas savoureux. Débarrassez la table et enlevez les restes de nourriture. Remplissez l'évier d'eau chaude et mettez du produit pour la vaisselle. Retroussez vos manches et préparez votre éponge.

Pratique

1 Demandez à tous de sortir de la cuisine pour faire la vaisselle tranquillement.

2 Prenez lentement la première assiette et commencez à la laver. Concentrez-vous exclusivement sur elle et sur l'évier. Si des pensées émergent, ramenez la concentration sur ce que vous faites. Quand l'assiette est propre, placez-la lentement sur l'égouttoir. Prenez la suivante et continuez de la même manière.

Au début, vous aurez peut-être du mal à faire tellement attention à votre vaisselle. Vous vous ennuierez parce que vous avez l'habitude de penser à autre chose en faisant la vaisselle ou d'écouter la radio. Si vous arrivez à transcender votre ennui initial, vous savourerez les joies de l'attention.

3 Votre mental peut errer, mais tentez de rester dans le présent, concentré sur la tâche en cours. Observez le mouvement de l'eau, les bulles de produit vaisselle et la chaleur agréable de l'eau sur vos mains lorsque vous rincez l'assiette. Observez les plats, les verres, les casseroles. Approchez l'expérience comme si c'était la première fois de votre vie que vous lavez une assiette.

4 Même si cela prend bien plus de temps que d'habitude, lavez chaque objet de cette manière. Bien que ce soit exagéré, essayez d'accorder ce niveau de conscience et d'attention délibérée à toutes vos actions. Gardez votre mental engagé dans le présent. Notez si vous vous sentez plus relaxé et paisible en approchant la vie de cette manière.

LES COURSES

Oui, il est possible de méditer en faisant ses courses. C'est le bon moment de faire attention à ce que vous projetez sur les objets.

Avantages

- Démontre que l'acquisition d'objets n'apporte pas le bonheur
- Favorise l'attention accordée aux motivations de la consommation
- Apaise la fièvre acheteuse

Il est facile de croire que les objets sont la clé du bonheur durable, puisque la publicité nous l'assène constamment. "Achetez cette voiture et sentez-vous incroyablement puissant", "Portez ce costume et devenez sur le champ directeur de société". Tout le monde est susceptible d'y succomber, car chacun souffre d'une manière ou d'une autre et veut croire qu'une quelconque action extérieure dissipera la douleur. Le moment est cependant venu d'étudier vous-même la question.

Méditation

Quand

Quand vous êtes obsédé par l'achat des choses censées vous rendre heureux.

Préparation

Allez dans un centre commercial sans argent ni carte de crédit. Cette visite est consacrée uniquement à la méditation.

Pratique

1 En marchant entre les vitrines, notez les choses que vous aimeriez avoir. Demandez-vous pourquoi vous voulez cette robe-là, cette veste-là, cette voiture-là. Pensez-vous qu'elle vous fera vous sentir mieux dans votre peau, plus attirant, plus sexy ? Si vous achetez cette veste et la portez, que pensez-vous qu'elle communiquera aux autres à votre propos ? Quelles qualités et quel pouvoir projetez-vous sur elle ?

2 Rappelez-vous la dernière chose que vous "deviez" absolument avoir et que vous avez achetée. Qu'en pensez-vous maintenant ? Vous a-t-elle apporté ce que vous espériez ? Même si vous étiez obsédé par l'idée de l'avoir, est-elle maintenant oubliée au fond de votre armoire ?

3 Réfléchissez au fait que tous les objets et les expériences sont, par nature, éphémères, peu fiables et sujets au changement et à la détérioration. Ils ne pourront jamais vous offrir un réel bonheur ou compenser vos sentiments d'infériorité, de solitude et d'impuissance.

4 Mettez-vous à évaluer ainsi tout ce que vous voulez acheter. Appréciez vos biens pour ce qu'ils sont, mais ne projetez pas sur eux plus qu'ils peuvent offrir.

CONSOMMATION ÉQUITABLE

Il est important d'être conscient de ce qu'on achète et des ressources consommées pour une vie de bonne qualité, pour le reste de la planète et pour le bien-être des générations futures.

Avantages

- Rappelle l'interconnexion de tous les êtres et de toutes les choses

- Fournit un antidote contre la consommation à tout va

- Favorise l'achat de produits moins toxiques, pour le bien de la planète

Cette méditation est analytique, car vous méditez sur un sujet et essayez d'intégrer toute prise de conscience dans la vie quotidienne. Elle n'a pas pour intention de susciter un sentiment de culpabilité en vous ni d'imposer quelque chose. En devenant conscient de votre interconnexion avec les autres, vous ferez des choix plus équitables quant à votre consommation.

Méditation

Quand

Essayez cette méditation analytique à chaque fois que vous avez l'impression de dépenser sans compter.

Pratique

1 Asseyez-vous sur un coussin ou une chaise. Visualisez-vous connecté à tous les autres êtres vivants, au ciel au-dessus de vous, au sol sous vos pieds, aux rochers, à l'eau, aux arbres, aux plantes. Essayez de renforcer ce sentiment d'interdépendance et de connexion.

2 Imaginez que tout ce que vous consommez a un effet sur tous les autres êtres de la planète. Visualisez-vous remplir le réservoir de votre voiture. Pensez aux gens qui ont extrait le pétrole, à ceux qui l'ont raffiné. Rappelez-vous que cette ressource est limitée et que les gaz d'échappement polluent l'air.

Préparation

Notez par écrit les grandes lignes de vos dépenses des six derniers mois, y compris celles concernant les ressources énergétiques comme l'essence pour la voiture.

3 Pensez à tous les gens impliqués dans la culture, la récolte, le transport et l'emballage des aliments que vous consommez. Pensez aux pesticides et aux fertilisants utilisés par l'agriculture et à leur toxicité pour la planète.

4 Pensez au tee-shirt bon marché que vous portez et au fait qu'il a probablement été fabriqué dans un pays du tiers-monde, par des gens travaillant de longues heures pour un salaire de misère.

5 Intégrez dans votre vie quotidienne cette conscience de l'effet que votre consommation a sur la planète et essayez d'acheter de manière plus équitable.

SEULEMENT EN CE MOMENT

Aucun avenir n'est garanti et le passé s'en est allé, si bien qu'il ne reste que le moment présent. Faites attention à lui et vous pourrez vivre une vie plus heureuse, plus riche, plus satisfaisante.

Avantages

- Allège l'inquiétude et l'anxiété
- Accroît le bonheur
- Aide à vivre pleinement dans le moment présent

Vivre dans le moment présent signifie vivre plus pleinement. La capacité d'intégrer la variété sensuelle de tout ce qui vous entoure élargit et enrichit votre expérience de vie. Si vous êtes constamment en train de remâcher des vieilles blessures ou de planifier ce que vous direz à la prochaine réunion, vous ne vivez pas pleinement en ce moment. En fait, le moment présent est tout ce qui existe, et tout ce que vous avez.

Méditation

Quand

Essayez cette méditation si vous tournez en cercle, ruminant les anciennes interactions avec les amis, la famille et les collègues, ou si vous anticipez sans cesse ce qui arrivera demain, la semaine prochaine ou d'ici une année.

Préparation

Observez pendant une journée à quelle fréquence vos pensées vous conduisent dans le passé ou l'avenir.

Pratique

1 Asseyez-vous sur un coussin ou une chaise et gardez le dos droit. Concentrez-vous sur la respiration pendant quelques minutes pour vous centrer. Quand des pensées interviennent, notez si elles concernent l'avenir ou le passé et revenez au présent.

2 Restez dans le présent en vous concentrant sur les données sensorielles venant de votre environnement, ainsi que sur vos sensations physiques ou émotionnelles. Notez le frottement de vos vêtements contre la peau, la température de l'air, les sons que vous entendez, la saveur dans votre bouche. Vous sentez-vous triste, solitaire, anxieux ?

3 Relaxez-vous. Dites-vous que c'est parfait d'être vous-même, avec tous vos défauts et qualités. Quels que soient vos problèmes, vous n'avez pas à vous inquiéter à leur sujet. Laissez aller le passé, peu importe ce qui est arrivé. Percevez le moment présent s'enrichir et devenir plus tridimensionnel. Inspirez sa beauté.

4 Essayez de vivre constamment dans le moment présent.

UNE CHOSE À LA FOIS

Les spécialistes de la gestion du temps incitent à effectuer plusieurs tâches à la fois, mais à la longue ce processus devient stressant et inefficace. Apprenez à vous concentrer sur une tâche, en lui accordant toute votre attention.

Avantages

- Propose une manière plus détendue de travailler
- Aide à rester dans le moment présent
- Prévient les erreurs et les accidents

Souvent, les activités multiples sont motivées par la compétition et l'agressivité. Autrement dit, si vous faites davantage en moins de temps, vous êtes plus malin, plus compétent, plus entreprenant. Vous en faites davantage, mais vous ne vous concentrez réellement sur rien. La qualité de votre travail et de votre vie s'en ressent. Essayez cette méditation pour voir les effets négatifs des activités multiples et avec les avantages du travail sur une chose en particulier.

Méditation

Quand

Pratiquez cette méditation quand vous vous sentez stressé suite aux activités multiples au travail et à la maison.

Préparation

Si vous faites d'habitude plus d'une chose à la fois, demandez-vous pourquoi vous procédez ainsi.

Pratique

1 Prenez n'importe quelle tâche, par exemple cuisiner ou taper sur un clavier, puis ajoutez en une autre. Préparez le dîner et regardez la télé. Si vous êtes au travail, classez vos documents pendant que vous passez un coup de fil. Notez ce que vous éprouvez et la façon dont les tâches sont effectuées.

2 Répétez les mêmes tâches, mais cette fois-ci concentrez-vous sur une seule. Cuisinez soigneusement ou accordez toute votre attention au coup de fil. Notez ce que vous éprouvez et la façon dont la tâche est effectuée.

3 Asseyez-vous ensuite sur un coussin ou sur une chaise et rappelez-vous les sensations ressenties durant l'exécution des tâches multiples. Essayez de récréer mentalement vos sentiments lorsque vous tentiez frénétiquement de faire plusieurs choses en même temps. Retenez ces sentiments quelques minutes. Souvenez-vous des sensations lorsque vous accordez toute votre attention à une tâche unique. Retenez-les quelques minutes.

4 Si vous vous sentez mieux en étant concentré sur une tâche à la fois, continuez d'approcher ainsi toutes vos activités. Au fil du temps, vous constaterez que votre travail est plus précis et mieux fait. Vous serez plus relaxé et centré, vous contrôlerez votre vie.

LE REGARD FAIT TOUT

Plonger le regard dans les yeux d'une autre personne peut s'avérer une merveilleuse expérience méditative. Si vous pensez que votre partenaire ou un ami fait partie du décor ou si vous vous sentez moins proche de lui que vous l'auriez aimé, essayez cette méditation curative.

Avantages

- Ouvre le cœur
- Dissipe l'attitude défensive
- Favorise l'intimité et une meilleure communication

Méditation

Quand

Si vous aimeriez être plus proche de quelqu'un, essayez cette méditation en couple.

Préparation

Trouvez un partenaire disposé à essayer cette méditation avec vous pour que vous puissiez vous rapprocher.

Pratique

1 Asseyez-vous en tailleur sur un coussin ou une chaise, face à votre partenaire, vos genoux se touchant. Vos mains reposent dans votre giron.

2 Prenez tous deux quelques respirations profondes pour vous concentrer et vous centrer. Commencez en plongeant le regard dans les yeux du partenaire. Au début, vous aurez envie de rire, mais comprenez qu'il ne s'agit là que de la nervosité. Dépassez-la.

3 Passez 5 minutes à vous regarder dans les yeux. Essayez de ne pas penser. Regardez seulement cet

Parfois, cet exercice est difficile, car vous vous sentirez vulnérable, surtout si vous avez eu des difficultés avec votre partenaire de méditation. Mais si vous pouvez rester avec lui, l'amour prévaudra. Après tout, vous voulez tous deux connaître le bonheur et éviter la souffrance. Vous disposez d'une base commune à partir de laquelle travailler.

autre être humain. Si des émotions émergent, laissez-les. Si vous voulez pleurer, faites-le. Si vous voulez sourire et rire, faites-le. La réaction doit cependant monter d'un profond sentiment de connexion et non pas d'une attitude défensive à son égard.

4 Achevez la méditation en vous serrant dans les bras. Si vous voulez lui dire quelque chose, faites-le. Garder le silence convient aussi.

OBSERVEZ LES MÉDIAS

En regardant la télé, en écoutant la radio, en allant au cinéma, en lisant des journaux et des livres, en surfant sur Internet ou en jouant à des jeux en réseau, vous absorbez beaucoup d'informations. Apprenez à faire attention à ce que vous assimilez.

Avantages

- Diminue le stress de la surcharge d'informations
- Aide à perdre moins de temps dans la dépendance aux médias
- Surveille les données assimilées

Le contenu de ce que vous absorbez, votre motivation pour regarder et écouter et le volume assimilé ont un énorme effet sur vous. Vous aident-ils ou vous nuisent-ils ? Il est important d'examiner ces trois aspects de l'observation des médias et de prendre des décisions précises quant à la quantité de ce que vous faites enter dans votre vie et à son contenu.

Méditation

Quand

Si vous avez l'impression d'absorber trop de données sans grand discernement quant à ce que vous regardez, lisez ou écoutez.

Préparation

Surveillez pendant deux ou trois jours le temps passé à regarder la télé, à surfer sur Internet ou à vous intéresser aux autres types de médias. Notez le contenu de ces données. Quel en est le volume de nature violente ou perturbante ?

Pratique

1 Asseyez-vous sur une chaise ou un coussin dans une pièce tranquille, à l'écart des autres. Visualisez des images d'un média lu, vu ou écouté au cours des quelques jours précédents.

2 Notez quels sentiments ces images suscitent en vous, quelles émotions sont agitées, comment votre corps réagit. Votre cœur bat-il plus vite, vos muscles se contractent-ils ?

3 Demandez-vous si le matériel que vous absorbez a une nature positive et utile ou s'il provoque des émotions négatives comme la peur ou la colère. Par exemple, si vous voyez au journal du soir une information concernant un

meurtre, quel effet cela a-t-il sur vous ? Si vous regardez un documentaire sur les oiseaux, comment êtes-vous affecté ?

4 Demandez-vous pourquoi vous avez fait entrer ce média dans votre vie. Cherchiez-vous une information ? Essayiez-vous de comprendre un incident ? Vous ennuyiez-vous et cherchiez-vous une stimulation ? Essayiez-vous d'éviter un problème ?

5 Après avoir répondu à ces questions, achevez votre méditation. À l'avenir, soyez plus conscient des médias qui entrent dans votre vie. Prenez une décision claire quant à ce qui est bon pour vous et ce qui ne l'est pas.

LE CADET DE L'ESPACE

Avez-vous tendance à prendre vos distances quand vous vous sentez débordé par les problèmes et les responsabilités ? Essayez cette méditation pour rester dans le présent.

Avantages

- Permet de réaliser qu'on prend ses distances
- Favorise l'attention portée au moment présent
- Met en contact avec les émotions

Méditation

Quand

Essayez cette méditation si vous avez du mal à rester conscient de ce qui se passe autour de vous ou si vous avez eu un accident par inattention.

Préparation

Pensez aux cas où vous n'avez pas fait attention à ce qui était autour, posant ainsi problème aux autres et à vous-même.

Pratique

1 Tenez-vous debout, pieds nus sur le plancher en bois, écartées de la largeur des épaules. Gardez la colonne vertébrale verticale et les épaules au même niveau, détendues. Vos bras pendent sur les flancs, un peu éloignés du corps, comme si vous teniez un œuf sous chaque aisselle. Sentez vos pieds sur le plancher lisse.

2 Gardez les yeux ouverts et respirez normalement. Sans tourner la tête, essayez d'absorber autant que possible de l'environne-

Quelqu'un vous a-t-il jamais dit : "La Terre s'adresse à (votre nom) !" pour attirer votre attention ? Vous étiez si peu présent que la personne devait établir un contact radio depuis la Terre avec votre vaisseau spatial. C'est comme si vous étiez dans votre propre petit monde, incapable de vous lier à quelqu'un et oublieux de ce qui vous entoure. Vous pouvez utiliser cette attitude comme une défense contre ce qui semble excessif, ou juste avoir pris l'habitude d'être "le professeur distrait". Essayez de laisser au vestiaire votre combinaison spatiale si vous voulez vivre une vie plus attentive et plus consciente.

ment à travers vos sens. Notez la couleur des meubles, la forme et la texture des objets de la pièce. Observez la lumière et les ombres, les odeurs, la température, les sons. Entendez-vous le bruit d'un ventilateur ou le moteur de votre réfrigérateur ?

3 Méditez ainsi pendant 10 minutes. Si cette prise de conscience vous agace, demandez-vous pourquoi. Pratiquez tous les jours à être aussi attentif à votre environnement. Essayez ensuite avec vos proches.

LA VIE EST COURTE

Votre vie s'écoule en un clin d'œil. Demandez à toute personne de 80 ou 90 ans, et elle vous dira pratiquement toujours de profiter au mieux du temps qui vous est imparti.

Avantages

- Fait prendre conscience de la réalité de sa propre mort
- Aide à établir des priorités
- Encourage à vivre pleinement la vie

Cette méditation peut paraître morbide, mais en fait elle vous aide à vivre pleinement. Si vous parlez à une personne qui s'est rétablie d'une maladie grave, elle vous dira souvent à quel point cette épreuve lui a fait comprendre la valeur de la vie. Elle s'est mise à faire des choses qu'elle avait toujours voulu réaliser sans jamais avoir eu le temps. Elle a quitté son emploi et en a trouvé un autre, ou mis fin à une relation depuis longtemps obsolète. Méditer sur le fait que vous pouvez disparaître à tout instant, pas seulement à un âge avancé, vous aidera à établir des priorités et à agir en conséquence.

Méditation

Quand

Méditez sur la brièveté de la vie si vous vous sentez émotionnellement bloqué.

Préparation

Lisez la rubrique nécrologique du journal de ce jour. Ce n'est pas très attirant, mais c'est utile de le faire de temps à autre.

Pratique

1 Asseyez-vous sur un coussin ou une chaise dans un endroit tranquille ou vous pouvez être seul.

2 Notez votre âge et le nombre d'années que vous pensez avoir encore à vivre. Imaginez vos sentiments si vous saviez que vous allez mourir d'ici deux ans. Que feriez-vous différemment d'aujourd'hui ?

3 Pensez à la valeur de votre vie. Qui voudriez-vous entendre dire que vous l'aviez aimé ? Que voudriez-vous faire du temps qui vous reste ? Voudriez-vous vous rapprocher de votre famille, de vos amis ? Démissionneriez-vous pour voyager ?

4 Après environ 10 minutes, notez par écrit tout ce que vous avez imaginé. Faites-en une priorité.

GUÉRIR LE CORPS, LE MENTAL ET L'ÂME

MÉDITATIONS POUR GUÉRIR

En apprenant à vous calmer et à vous centrer et en pratiquant l'attention, vous avez eu un aperçu des pouvoirs latents de votre mental. Vous apprendrez ici à utiliser la visualisation pour vaincre les affections et les détresses psychologiques, ainsi qu'à prévenir la maladie et à favoriser la longévité.

Au cours de la vie, de mauvaises habitudes s'installent, comme la dépendance à la nourriture ou à l'alcool, qui nuisent au corps et à l'esprit. Pour qu'une guérison puisse prendre place, il faut les remplacer par des habitudes saines.

La première méditation de cette partie est le "Feu purifiant", qui vous invite littéralement à brûler vos mauvaises habitudes. Le chagrin inexprimé détruit le corps et l'âme. La méditation sur les "49 jours" vous fait connaître la manière bouddhique tibétaine de gérer le chagrin. Si vous êtes insomniaque, essayez la pratique des "Beaux rêves" pour dormir comme un bébé. Si vous êtes piégé dans des dépendances, approchez-les de la façon la plus compatissante avec "Nourrissez vos démons". Une approche rigide de la vie cause un stress souvent passé sous silence. Apprenez à vous relaxez avec "Maintenez les contraires". Maîtrisez le pouvoir de la visualisation pour guérir par la méditation "Baignez-vous dans le nectar". Le "Scanner du corps" enseigne une méthode pratique pour surveiller votre santé. Faites appel à la sagesse et à la force des arbres avec la méditation de l'"Arbre vénérable". Votre voix est un puissant outil de guérison, comme vous le constaterez lors de la "Guérison par l'harmonisation". Femme enceinte, essayez "Naissance facile".

Pour purifier le comportement négatif dont vous avez fait montre par le passé, essayez les "Quatre pouvoirs" et "Faire amende honorable". Pour une relaxation profonde et curative, tentez "Savasana". Pour vous préparer à une opération chirurgicale, essayez la méditation du même nom ; pour qu'elle ne devienne pas nécessaire, guérissez vos organes grâce à la méditation taoïste chinoise du "Sourire intérieur".

Les trois méditations de Tara vous feront connaître cet aspect féminin tibétain du Bouddha, maître de la guérison et de la longévité. L'"Alimentation" aide à soigner les dépendances alimentaires, la "Patience" enseigne l'antidote à la colère. Apprenez à devenir un bon parent pour vos enfants ainsi que pour vous-même par la pratique de "l'Enfant intérieur" et du "Meilleur parent". Si vous vous occupez d'une autre personne, la méditation du même nom vous soutiendra. "Yoni" aide à guérir les abus sexuels. "Réjouissez-vous" favorise la transformation de la jalousie. Si vous avez des problèmes d'alcoolisme, essayez "L'esprit guérit l'esprit". Pour finir, accordez tout votre corps grâce à une autre méditation taoïste chinoise, "L'Orbite microcosmique".

FEU PURIFIANT

Si des mauvaises habitudes affectent votre santé mentale, émotionnelle, physique ou spirituelle, cette méditation vous aidera à les laisser aller et à repartir à zéro.

Avantages

- Aide à identifier les façons dont on se blesse soi-même

- Laisse aller la honte et la culpabilité

- Soutient les efforts pour s'occuper de soi-même

Méditation

Quand

La guérison concerne aussi les mauvaises habitudes.

Préparation

Trouvez un endroit où allumer sans danger un feu – une cheminée ou peut-être un barbecue à l'extérieur. Marquez par écrit toute mauvaise habitude ancienne ou actuelle. Prenez votre temps et soyez aussi précis que possible. Notez tout sentiment ressenti quant à ces mauvaises habitudes, y compris le regret et la honte.

Pratique

1 Allumez un feu dans la cheminée ou le barbecue. Asseyez-vous sur un coussin de méditation ou une chaise. Lisez la liste. Revoyez les événements et percevez votre honte et votre regret.

2 Visualisez votre pouvoir supérieur sous la forme que vous préférez. Exprimez votre regret de vous être laissé aller aux mauvaises habitudes et sollicitez de l'aide pour

Nul n'est exempt de mauvaises habitudes – on fume, on dépense trop, on se met en colère. Vous conduisez peut-être trop vite, vous avez déjà eu plusieurs accidents qui n'ont blessé personne, mais de justesse. Peut-être trompez-vous sans cesse votre partenaire. Il se peut que vous gardiez toujours vos mauvaises habitudes ou que vous les ayez abandonnés tout en étant encore honteux à leur propos. Cette méditation utilise la visualisation pour vous aider à les dépasser.

vivre votre vie de manière plus positive et constructive. Percevez l'amour et l'acceptation de votre pouvoir supérieur pour celui que vous êtes.

3 Jetez votre liste dans le feu et regardez-la brûler, en visualisant la disparition de vos mauvaises habitudes. Laissez aller toute honte en la plaçant mentalement dans le feu pour qu'elle soit purifiée. Engagez-vous à vivre une vie plus positive.

49 JOURS

Les bouddhistes tibétains croient à la réincarnation. Les défunts sont censés passer jusqu'à 49 jours en transit avant d'entamer la vie suivante. Pendant ce temps, on les pleure et on prie pour qu'ils jouissent d'une bonne réincarnation.

Avantages

- Facilite le processus de deuil
- Permet d'espérer que le défunt jouira d'une autre vie
- Encourage à bien vivre sa vie

Vous avez été éprouvé par la mort d'un proche ou d'un ami. Cette méditation facilite le processus de deuil et envoie votre bien-aimé vers la vie suivante. Si vous ne croyez pas à la réincarnation, pas d'inquiétude. Pensez qu'il est au ciel, avec Dieu, au paradis, etc. Si vous ne croyez pas à la vie après la mort, cette méditation vous aidera à guérir votre peine au fil des 49 jours suivant le décès de la personne concernée.

Méditation

Quand

Pratiquez cette méditation au cours des 49 jours suivant le décès d'une personne aimée.

Préparation

Trouvez une photographie de la personne et placez-la dans un cadre sur votre autel ou sur une table.

Pratique

1 Asseyez-vous sur un coussin ou sur une chaise devant votre autel ou devant une petite table sur laquelle est placée la photographie de la personne aimée.

2 Pensez à elle et montrez votre chagrin. Pleurez autant que vous en avez envie. Exprimez votre appréciation et le manque que vous ressentez. Quand vous êtes prêt, commencez à penser à son esprit et affirmez dans votre âme qu'il vit sous une forme ou une autre.

3 Si vous croyez à la réincarnation, imaginez votre bien-aimée renaissant dans une personne merveilleuse. Priez pour que cette personne ait une vie magnifique ou pour qu'elle continue à avancer sur sa voie spirituelle. Libérez-la mentalement pour qu'elle puisse jouir de sa nouvelle vie. Si vous pensez qu'elle sera au ciel auprès de Dieu, visualisez-la ainsi.

4 Si vous ne croyez pas à la vie après la mort, rappelez-vous les qualités de la personne qui vous a quitté et imaginez que vous la laissez partir. Oubliez toute culpabilité ou tristesse. Visualisez sa meilleure facette et essayez de la faire entrer dans votre vie afin de vous rappeler cette personne.

BEAUX RÊVES

Dans notre monde trépidant et stressant, la privation de sommeil est un problème de santé sérieux. Si vous avez du mal à dormir, essayez cette méditation pour vous relaxer et vous préparer à la nuit.

Avantages

- Aide à clarifier le mental
- Induit la relaxation
- Fortifie le système immunitaire

Méditation

Quand

Si vous avez du mal à vous endormir, essayez cette méditation simple pour vous relaxer.

Préparation

Préparez-vous à vous mettre au lit.

Pratique

1 Assurez-vous que la chambre à coucher est calme. Mettez-vous au lit et éteignez. Les rideaux doivent être fermés pour qu'aucune lumière du voisinage ne gêne l'endormissement.

2 Allongez-vous sur le dos et mettez-vous à l'aise. Étirez votre corps autant que vous le pouvez, puis relaxez-vous. Répétez 3 fois.

3 Inspirez lentement 20 fois à partir du bas de l'abdomen.

Normalement, on dort 7 à 8 heures par nuit – si on a de la chance. Les experts suggèrent qu'au minimum 8 à 9 heures sont nécessaires pour qu'on soit à son mieux, physiquement et mentalement. Outre un sommeil insuffisant, on peut souffrir d'insomnie ou avoir du mal à s'endormir. Le stress et le fait de regarder la télévision jusque tard dans la nuit laissent simultanément bien éveillé et épuisé. Avec le temps, le manque chronique de sommeil endommage le système immunitaire, rendant vulnérable à la maladie.

4 Absorbez la paix sur chaque inspiration et éliminez les soucis du jour sur chaque expiration. Laissez aller vos inquiétudes et faites bon accueil aux rêves agréables. Demandez que vos rêves soient utiles. Abandonnez-vous à la relaxation en lâchant de plus en plus prise. Plongez-vous dans un sommeil profond, curatif et rajeunissant.

TAPOTEZ

De nombreuses techniques inédites de gestion du stress sont apparues récemment, dont le tapotement en alternance des zones du corps. Celle présentée ici est simple et étaye une puissante méditation.

Avantages

- Offre une méthode simple pour la diminution du stress
- Élimine le stress pour permettre de mieux gérer les problèmes
- Favorise le soin personnel

Cette méditation est basée sur la Thérapie du mouvement oculaire. Les chercheurs ont découvert qu'en déplaçant les yeux d'un côté sur l'autre en pensant à un événement traumatique l'anxiété et le stress diminuent de manière significative. Le tapotement en alternance des deux côtés du corps, de façon continue, pendant 3 minutes ou plus, a le même effet.

Méditation

Quand

Pratiquez cette technique à chaque fois que vous êtes anxieux à propos d'une chose de votre passé ou de votre présent.

Préparation

Rappelez-vous un événement, une personne ou une situation qui a suscité anxiété ou détresse.

Pratique

1 Asseyez-vous sur une chaise à dossier droit, le dos vertical et les mains reposant sur vos cuisses.

2 Pensez à la cause de votre anxiété. Visualisez aussi clairement que possible l'événement, la personne ou la situation et percevez pleinement votre détresse.

3 Commencez à tapoter légèrement de l'index, d'abord une cuisse, puis l'autre, en alternance. Le tapotement est rythmique, à une allure que vous pouvez soutenir pendant 3 minutes ou plus. En tapotant, continuez à visualiser la source de votre stress.

4 Après 3 minutes, votre anxiété devrait s'alléger. Si elle est encore partiellement présente, répétez l'exercice une fois de plus. Si après le second exercice elle est toujours là, essayez de nouveau, en bougeant cette fois-ci les yeux d'un côté sur l'autre.

NOURRISSEZ VOS DÉMONS

Si vous souffrez des dépendances – toxicomanie, alcoolisme, troubles de l'alimentation, problèmes sexuels, Internet, etc. – il se peut que vous vous évadiez face à la douleur et ne vous occupiez pas correctement de vous. Cette méditation enseigne comment prendre soin de vous d'une meilleure manière.

Avantages

- Aide à la guérison des dépendances
- Favorise le soin personnel
- Guérit la honte

Comme chacun a ses petites habitudes, la plupart des gens souffrent d'une dépendance ou d'une autre. Vous pouvez aimer beaucoup les myrtilles, ce qui est inoffensif, ou vous droguer aux médicaments, à l'alcool et au sexe, ce qui est bien plus grave. Vous tenez absolument à éviter quelque chose – des émotions trop douloureuses, des déceptions ou des blessures d'enfance. Pensez à vos dépendances comme à des démons à exorciser, comme à des amis qui veulent se mettre en avant parce qu'ils se sentent ignorés et négligés.

Méditation

Timing

Essayez cette méditation pour commencer à guérir les dépendances gênantes.

Préparation

Dressez une liste de vos dépendances.

Pratique

1 Asseyez-vous sur un coussin de méditation ou sur une chaise à dossier droit, dans un endroit tranquille.

2 Rappelez-vous ce que vous tenez pour votre dépendance la plus gênante. Voyez-la comme une autre personne. Par exemple, si vous êtes accro aux cigarettes, vous pouvez voir cette dépendance comme un homme mince, au teint cireux, tendu et voûté.

3 Demandez à l'individu que vous avez créé ce qu'il ressent et quels sont ses besoins insatisfaits. Votre fumeur vous dira probablement qu'il veut se relaxer, décrasser ses poumons et arrêter de courir sans cesse.

4 Après avoir discuté avec votre "démon" imaginez que vous êtes responsable de lui et visualisez-vous l'aider à guérir. Réfléchissez au moins à un moyen de l'aider à se sentir mieux et ne le maltraitez plus. Appliquez cette solution à votre vie.

MAINTENEZ LES CONTRAIRES

Vous risquez de vous retrouver bloqué dans une réflexion dualiste – tout doit être juste ou erroné, noir ou blanc, bon ou mauvais. Cette méditation vous apprend à tolérer une vision plus réaliste de la vie – que deux situations ou deux points de vue apparemment opposés peuvent exister simultanément.

Avantages

- Diminue le stress
- Aide à accepter les choses telles qu'elles sont
- Fournit un antidote contre la pensée rigide

Méditation

Quand

Quand vous vous sentez en colère et effrayé, quand vous voulez des réponses simples et claires ou quand vous exigez que les choses se fassent à "votre manière".

Préparation

Pensez aux situations conflictuelles dont les solutions sont, selon vous, soit noires, soit blanches.

Pratique

1 Asseyez-vous sur un coussin ou sur une chaise à dossier droit, dans un endroit tranquille où vous pouvez être seul. Méditez en surveillant votre respiration pendant quelque 5 minutes.

2 Pensez à une situation où vous étiez malheureux parce que vous vouliez que les choses tournent d'une certaine façon alors que l'opinion de votre partenaire était différente. Observez vos émotions. La première à émerger risque d'être la colère. Tentez de savoir si elle dissimule la peur. Que pensez-vous

La réflexion dualiste est simpliste et naît souvent de la peur. Elle ne peut englober ou exprimer la complexité de la vie. Si vous tendez à penser aux questions comme étant soit noires, soit blanches, votre vie sera plus stressante et difficile, car le monde réel est plutôt un continuum de gris. Par exemple, vous pouvez être en conflit avec votre partenaire parce que vous pensez qu'il a tort, alors que vous avez raison. Si vous voulez être plus à l'aise jour après jour, cette méditation vous aidera à devenir plus flexible et à vous rendre compte que les réponses de la vie sont bien plus ambiguës qu'un simple "oui" ou "non".

perdre si vous laissez les deux points de vue exister en même temps ?

3 Imaginez que vous êtes seul sur une île déserte avec cette personne et que votre survie dépend de votre coopération. Imaginez un compromis créatif pour que chacun sache au moins ce qu'il désire.

4 En ayant trouvé un compromis, situation où tous deux avez "raison" et obtenez partiellement ce que vous vouliez, notez si vous êtes moins stressé et plus content.

BAIGNEZ-VOUS DANS LE NECTAR

La visualisation est un puissant outil de guérison du corps, du mental et de l'âme. Utilisez cette méditation pour éloigner la maladie et favoriser la santé.

Avantages

- Favorise la santé
- Prévient la maladie
- Favorise la longévité

Le contenu de vos pensées peut avoir un effet spectaculaire sur la santé de votre corps. Si vous êtes malade et, par peur, visualisez sans cesse la progression de la maladie, vous lancez un message aux cellules affectées : continuez le processus de dégradation. Si vous imaginez consciemment la guérison de votre corps, vous le soutenez. En pratiquant la visualisation au cours de la méditation, vous créez consciemment dans votre mental nombre d'images ou de scènes. Visualisez une belle image curative pendant cette méditation.

Méditation

Quand

Essayez cette méditation si vous êtes malade. C'est aussi une excellente méditation à pratiquer régulièrement pour entretenir la santé globale.

Préparation

Asseyez-vous pendant quelques minutes et notez par écrit tout problème de santé rencontré, si bénin ou si grave soit-il.

Pratique

1 Asseyez-vous sur un coussin ou sur une chaise dans votre espace de méditation. Commencez par surveiller votre respiration pendant quelques minutes.

2 Pensez à tous les problèmes de santé que vous avez énumérés. Voyez-les comme des points noirs disséminés sur diverses parties de votre corps. Notez la manière dont ces problèmes gênent votre vie, percevez toute émotion qui émerge.

3 Visualisez-vous près d'une belle cascade sous les tropiques. Le lieu est désert. Déshabillez-vous et trouvez un endroit où vous pouvez vous asseoir directement sous la chute d'eau. Ima-

ginez que l'eau est en fait un nectar céleste qui guérit les maladies et les prévient.

4 Visualisez tous vos problèmes de santé dissous par ce nectar. Sentez-le couler sur votre corps, ainsi qu'en celui-ci, emmenant avec lui tous les points noirs imaginés précédemment.

5 Affirmez que votre corps est maintenant débarrassé de tout problème de santé. Sortez de sous la cascade, séchez-vous et rhabillez-vous. Quittez ce bel endroit en sachant que vous jouissez d'une santé vibrante. Vous pouvez y retourner à chaque fois que vous en avez envie.

SCANNER DU CORPS

Il est important de faire régulièrement attention à votre corps et de surveiller tout signe de déséquilibre. Cette méditation vous aidera à assumer la responsabilité de votre santé.

Avantages

- Entretient la bonne communication avec le corps
- Favorise le soin personnel
- Favorise la relaxation

Vous faites peut-être partie des gens qui ne sont conscients de leur corps qu'au niveau de la tête. Vous risquez d'oublier que vous avez un corps ! Cette méditation vous enseignera une puissante technique permettant de faire attention aux changements subtils de votre corps – qui peuvent signaler un déséquilibre et des problèmes plus sérieux.

7

Méditation

Quand

Si possible, pratiquez régulièrement cette brève méditation.

Préparation

Effectuez quelques exercices d'étirement pour une prise de conscience de votre corps en tant qu'ensemble.

Pratique

1 Allongez-vous sur le plancher ou sur le lit, sans oreiller, bras éloignés du corps confortablement tendus, paumes tournées vers le haut. Placez sur vous une couverture légère si vous craignez le froid. Respirez normalement à partir du bas de l'abdomen pendant quelque 20 cycles. Relaxez toute zone tendue de votre corps.

2 En commençant aux orteils, montez lentement sur votre corps et notez toute gêne présente. Rappelez-vous toute douleur, picotement ou sensation inhabituelle ressentis récemment. Demandez à connaître tout problème éventuel, même si vous en avez ignoré les symptômes. Si vous découvrez une zone exigeant de l'attention, par exemple le dos, l'estomac ou le foie, cochez-la mentalement.

3 Quand vous arrivez au sommet de la tête, mettez fin à votre examen. Relaxez-vous pendant quelques minutes, puis relevez-vous et notez par écrit tout problème constaté. Si vous pensez qu'il risque d'être sérieux, consultez votre médecin ou décidez de manger plus correctement ou de faire un peu d'exercice. Avec le temps, cette pratique vous permettra de rester en harmonie avec votre corps et ses besoins.

TRACEZ UN MANDALA

Mandala est un terme sanskrit signifiant "cercle sacré". Les cultures amérindienne, hindouiste et bouddhiste utilisaient les mandalas pour la guérison et le développement spirituel.

Avantages

- Favorise la guérison, l'intégration psychologique et spirituelle
- Aide à découvrir les émotions cachées
- Accroît la créativité

Un mandala, qu'il soit peint ou simplement dessiné, est un symbole circulaire de l'univers incarnant les éléments, les quatre directions, les étoiles et les planètes. Il se sert de formes symétriques et est souvent divisé en quatre autour d'un centre. Quand vous regardez un mandala, vous avez la vision d'un espace sacré, où résonnent l'unité et l'équilibre. Les mandalas sont partout dans la nature, dans les fleurs, les fruits, les flocons de neige. Les mandalas que vous créez vous représentent : votre corps, votre état psychologique, votre place dans le monde.

Méditation

Quand

Créez un mandala à chaque fois que vous voulez explorer une partie cachée de vous ou guérir des blessures anciennes.

Préparation

Réunissez les matériels dont vous avez besoin. Utilisez une assiette ou un compas pour tracer le cercle.

Pratique

1 Installez-vous dans un endroit tranquille. Allumez une bougie ou faites brûler de l'encens pour créer un état d'esprit porté sur la réflexion. Concentrez-vous sur l'émotion, le sujet ou la douleur que vous voulez exprimer dans votre mandala.

2 Tracez un cercle soit à main libre, soit avec un compas, soit à l'aide d'une assiette dont vous suivez le contour. Remplissez le cercle de couleur et de forme et laissez votre mandala apparaître. Ce que vous créez est parfait, il n'y a pas de bon ou de mauvais mandala.

3 Quand vous avez fini, regardez votre mandala et notez par écrit ce que les couleurs, la forme et les images signifient pour vous. Peut-être avez-vous utilisé des jaunes et des rouges pour dessiner un animal ou une personne, ou préféré les bleus et les blancs. Placez votre mandala là où vous pouvez le voir souvent, et faites de lui une partie de votre vie pendant une certaine période. Soyez ouvert à tout message qu'il vous transmet.

L'ARBRE VÉNÉRABLE

Excellente méditation pour regagner de la force après une maladie. Laissez l'arbre vous soutenir dans le voyage de retour à la santé.

Avantages

- Connecte avec l'élément terre
- Rassure à des périodes de stress
- Fortifie l'intention de regagner de la vitalité

Les arbres sont une source précieuse d'énergie pour la pratique de la méditation. La solidité de l'arbre – connecté par ses racines à l'énergie de la Terre – aide à guérir le corps et l'âme. Si les arbres survivent aux humains, aux insectes et à la maladie, ils peuvent vivre des centaines, même des milliers d'années.

Méditation

Quand

Pratiquez cette méditation pendant que vous vous remettez d'une maladie ou d'une longue période de stress, de préférence à l'aube ou au crépuscule, quand les énergies des arbres sont les plus fortes.

Préparation

Trouvez un endroit isolé où poussent des arbres.

Pratique

1 Promenez-vous lentement parmi les arbres, sans vous concentrer sur aucun. Attendez qu'un arbre vous choisisse en attirant brusquement votre attention d'une manière qui le différenciera de tous les autres arbres.

2 Tenez-vous debout face au tronc, près de lui ou éloigné, selon sa taille et vos propres préférences. Si c'est un petit arbre, vous pourrez entourer son tronc de vos bras sans vraiment le toucher. Un arbre plus grand vous demandera de rester le dos aussi près de lui que possible sans toutefois entrer en contact physique.

3 Relaxez-vous en respirant avec l'arbre. Percevez la dilatation et la contraction en douceur de toutes les parties de votre corps à mesure que vous inspirez et expirez régulièrement et sans heurts. Sentez qu'il n'y a aucune différence entre l'arbre et vous.

4 Asseyez-vous dos contre le tronc de l'arbre et fermez les yeux. Imaginez que le tronc est votre propre colonne vertébrale, à travers laquelle une immense énergie est transmise à votre corps. Continuez tant que vous êtes à l'aise.

5 Revenez mentalement à votre corps et remerciez l'arbre choisi pour son soutien.

GUÉRISON PAR L'HARMONISATION

L'harmonisation est une puissante approche de la guérison par l'utilisation de la voix. Cette méditation de guérison vocale qui vous aide à libérer votre voix naturelle et à vous connecter avec les vibrations de votre corps.

Avantages

• Relâche la tension

• Remonte le moral

• Guérit le corps

En harmonisant, vous "chantez" des notes soutenues, qui résonnent dans le corps. Grâce à l'harmonisation, vous faites vibrer tout votre organisme et le stimulez en l'accordant littéralement, ce qui régularise la circulation sanguine, accroît l'oxygénation et guérit le système nerveux, les glandes et les organes.

Méditation

Quand

Pratiquez quand vous voulez charger en énergie ou guérir votre corps et votre âme.

Préparation

Trouvez un endroit où vous pouvez être seul et à l'écart des autres.

Pratique

1 Restez debout, les pieds fermement ancrés, épaules et bras détendus. Commencez à fredonner dans votre centre, que ce soit la partie inférieure de l'abdomen ou la région de votre cœur. Percevez ce murmure s'étendre à travers tout votre corps. Fredonnez dans vos os, vos muscles et vos organes internes.

2 Votre fredonnement devient peu à peu un son audible. Continuez à percevoir sa résonance dans tout votre corps.

3 Demandez ce qui a besoin de guérison. Visualisez l'élimination de la moindre toxine à travers vos pieds. Continuez à harmoniser dans toute zone du corps exigeant soulagement ou guérison. Laissez monter spontanément n'importe quel son. Imaginez que votre harmonisation est connectée avec les vibrations de l'ensemble de l'univers.

4 Quand vous êtes prêt, achevez votre méditation. Restez tranquille pendant un moment et affirmez que votre corps est complètement guéri et rajeuni.

NAISSANCE FACILE

Femme enceinte, vous avez peut-être envie de vous préparer mentalement, émotionnellement, physiquement et spirituellement à la naissance de votre bébé. Cette méditation vous aidera tous les deux.

Avantages

- Aide à visualiser un accouchement facile
- Encourage le soin personnel
- Bénéficie au bébé dans la matrice

Méditation

Quand

Pratiquez cette méditation durant toute votre grossesse.

Préparation

Prenez le temps de rédiger un texte qui parle des raisons pour lesquelles vous avez voulu ce bébé et du genre de mère que vous aimeriez devenir.

Pratique

1 Allongez-vous sur le lit ou sur le plancher. Installez-vous confortablement, peut-être en plaçant des oreillers sous votre dos ou sous vos genoux. Respirez normalement pendant environ 20 cycles, calmant toute anxiété éventuelle.

2 Placez vos mains sur le bas-ventre et connectez-vous mentalement et émotionnellement avec l'enfant qui grandit en vous. Visualisez ce corps minuscule et inspirez mentalement en lui de la paix et du calme, pour qu'il devienne fort et soit en bonne santé. Voyez-le serein, beau, joyeux. Dites-lui qu'il est

Si c'est votre premier bébé, il se peut que vous craigniez les douleurs de l'accouchement ou la responsabilité parentale. Si vous avez d'autres enfants, vous vous inquiétez peut-être du stress suscité par les soins au nouveau venu. Que vous soyez ou non une mère novice, cette méditation intensifiera l'expérience de votre grossesse et de votre accouchement. Quand vous méditez, non seulement vous vous calmez et vous centrez, mais vous transmettez aussi votre sentiment de bien-être au bébé à travers le placenta. Utilisez la méditation pour communiquer consciemment avec votre bébé.

sacré et qu'il occupe une place importante dans l'univers.

3 Visualisez l'accouchement se dérouler sans difficulté. Imaginez tenir votre nouveau-né dans vos bras et en tomber instantanément amoureuse. Engagez-vous mentalement à être la meilleure mère possible pour cet enfant.

4 Recommencez à surveiller votre respiration. Relaxez-vous profondément. Quand vous êtes prête, mettez fin à votre méditation.

QUATRE POUVOIRS

Les bouddhistes tibétains ont une merveilleuse méditation visant à évaluer vos actions et purifier toute négativité éventuellement causée. Voici une version simplifiée des quatre pouvoirs.

Avantages

- Aide à garder trace des actions positives et négatives
- Purifie les actions négatives
- Régénère la méditation

Les maîtres bouddhistes affirment que chaque personne génère jour après jour un karma négatif, réalité inévitable de l'être humain. Par exemple, vous avez raconté un pieux mensonge ou vous avez fait quelque chose de plus grave, comme tromper un client en lui rendant la monnaie. Ces actions négatives, insignifiantes ou non, génèrent du karma négatif et bénéficient d'une purification quotidienne.

Méditation

Quand

Cette méditation est mieux pratiquée avant de vous mettre au lit. Si vous n'y arrivez pas, effectuez-la aussi souvent que vous le pouvez.

Préparation

Passez en revue votre journée.

Pratique

1 Pensez aux actions négatives de la journée, de la plus insignifiante à la plus grave, et à tous ceux que vous avez pu blesser, directement ou indirectement. Générez un sentiment de compassion pour ceux que vous avez affectés.

2 Générez un sentiment sincère de regret. Ce ne doit pas être une culpabilité insensée. Admettez simplement que vos actions négatives étaient peu sages pour vous-même et pour les autres.

3 Engagez-vous à ne pas répéter ces actions négatives. Il serait bon de promettre d'éviter un comportement négatif pendant une période déterminée, ou du moins de promettre de faire un effort pour ne pas le répéter.

4 Décidez d'effectuer une action qui servira à l'avenir d'antidote à votre négativité, par exemple aider une personne que vous avez blessée. Imprégnez toute action positive d'une bonne motivation ; elle n'a pas à impliquer la personne concernée. Par exemple, vous pouvez lire un texte spirituel qui vous inspirera pour arriver à vivre une vie plus positive.

5 Après avoir pratiqué les "Quatre pouvoirs", terminez votre méditation en affirmant que vous avez purifié votre négativité pour la journée qui vient de passer.

FAIRE AMENDE HONORABLE

Faire amende honorable à ceux que vous avez blessés est un moyen de vous purifier mentalement et de vous débarrasser des fardeaux du passé. Exprimer sincèrement votre regret libérera votre mental et votre cœur et guérira éventuellement vos relations.

Avantages

- Favorise la guérison psychologique
- Dissipe la colère
- Encourage la responsabilité personnelle

Le fardeau psychologique du regret inexprimé peut saper gravement le corps et le bien-être psychologique. Pour guérir le corps et le mental, pensez à faire amende honorable pour les actions nuisibles que vous avez pu perpétrer par le passé. Si vous sentez que c'est approprié, exprimez vos regrets à la personne que vous avez heurtée. Si vous avez l'impression que vous risquez de créer plus de négativité en la contactant, "confessez-vous" et exprimez votre regret à quelqu'un auquel vous vous fiez. La méditation ci-contre vous aidera à vous préparer aux deux possibilités.

Méditation

Quand

Essayez cette méditation si vous sentez le fardeau de la culpabilité et du remords parce que vous avez nui à d'autres par le passé.

Préparation

Dressez la liste des personnes que vous avez blessées, de vos actions qui ont eu ce résultat et de la motivation qui les a étayées. Par exemple, vous avez utilisé une aventure avec un supérieur pour obtenir une promotion au travail. Ne craignez rien et n'oubliez rien dans votre inventaire.

Pratique

1 Asseyez-vous sur un coussin ou sur une chaise devant votre autel ou espace sacré. Allumez une bougie. Si vous croyez en Dieu ou en un pouvoir supérieur, demandez-lui de vous guider et de vous donner le courage de réaliser vos projets.

2 Rappelez-vous les gens que vous avez blessés, les actions ayant abouti à ce résultat et vos raisons pour les perpétrer. Éprouvez un regret sincère pour vos actions.

3 Choisissez une personne que vous avez blessée et écrivez-lui une lettre pour lui expliquer ce que vous avez fait et pourquoi. Exprimez votre regret et demandez pardon.

4 Après avoir dressé la liste, visualisez votre pouvoir supérieur sourire en vous regardant avec amour et compassion. Percevez la chaleur de son acceptation et de son soutien vous incitant de faire amende honorable à la personne que vous avez blessée.

5 Décidez si vous allez contacter la personne ou si votre lettre suffit. Après avoir pris une décision, sentez votre culpabilité s'estomper. Générez de l'amour et de la compassion pour cette personne. Mettez fin à votre séance de méditation.

SAVASANA

Posture de yoga des plus relaxantes, *savasana*, le "cadavre", est la position de la relaxation complète. Elle peut être utilisée comme méditation de guérison pour le corps et le mental.

Avantages

- Permet de lâcher totalement prise
- Offre une posture alternative pour la méditation sur la respiration
- Rajeunit le corps et le mental

La pratique de cette posture révélera le degré de stress et de tension auxquelles le corps est soumis. Elle est censée stimuler la circulation sanguine, exercer les organes internes et alléger la fatigue, la nervosité, l'asthme, la constipation, le diabète, l'indigestion et l'insomnie.

Méditation

Quand

Pratiquez cette méditation rajeunissante à chaque fois que vous vous sentez fatigué.

Préparation

Prenez un tapis de yoga, une couverture et un oreiller supplémentaire à placer sous vos genoux.

Pratique

1 Allongez-vous sur le dos sur votre tapis, dans un endroit où vous ne serez pas dérangé. Placez un oreiller sous vos genoux et une couverture sur vous. Laissez vos bras se relaxer sur les flancs, paumes tournées vers le haut. Les talons sont un peu écartés. Respirez lentement et profondément, percevez un sentiment de relaxation englober tout votre corps.

2 Inspirez lentement par les narines et contractez les chevilles, les pieds et les orteils. En contractant les muscles, retenez votre respiration. Expirez et détendez. Inspirez lentement et contractez vos rotules, mollets, chevilles, pieds et orteils. Maintenez et contractez. Expirez et détendez.

3 Inspirez lentement, en contractant tous les muscles de votre abdomen, région pelvienne, cuisses, rotules, mollets, chevilles, pieds et orteils. Retenez votre respiration et contractez les muscles. Expirez et détendez.

4 Inspirez. Contractez le cou, les épaules, les bras, les coudes, les poignets, les mains, les doigts, les muscles de la poitrine. Descendez jusqu'aux orteils. Expirez et détendez. Inspirez et contractez votre cuir chevelu et les muscles de votre visage. Risquez la langue, resserrez la gorge et contractez tout votre corps. Laissez votre stress et votre tension s'écouler dans le plancher.

5 Méditez en surveillant votre respiration pendant 5 autres minutes.

OPÉRATION CHIRURGICALE

Vous désirez être dans le meilleur état d'esprit possible lorsque vous devez subir une opération chirurgicale. Cette méditation vous aidera à vous préparer.

Avantages

- Calme l'anxiété
- Améliore l'état d'esprit avant une opération
- Favorise la réussite de l'opération

Méditation

Quand

Si vous devez subir une opération chirurgicale, pratiquez cette méditation plusieurs fois par jour avant la date programmée.

Préparation

Les jours précédant l'opération, tenez un journal pour y marquer vos pensées, peurs et espoirs de rétablissement.

Pratique

1 Si vous vous sentez assez bien, asseyez-vous sur un coussin de méditation ou sur une chaise. Dans le cas contraire, pratiquez cette méditation en restant allongé au lit. Commencez par surveiller votre respiration pendant 10 minutes. Respirez profondément depuis la partie inférieure de l'abdomen.

2 Visualisez la partie de votre corps qui doit être opérée. Voyez la maladie ou le dommage qui doit être réparé. Visualisez une lumière curative imprégnant l'ensemble de la zone, entamant le processus de guérison avant même l'opération.

Si vous êtes anxieux et inquiet durant les jours précédant l'opération, cette méditation vous aidera à calmer votre mental et à utiliser la visualisation pour favoriser une expérience positive. Un mental paisible fortifie le système immunitaire et accroît les chances de rétablissement. Si la visualisation ne vous convient pas, changez-la pour l'adapter à vos besoins.

3 Voyez ensuite votre chirurgien comme un chevalier sans peur ni reproche maniant son épée, vainquant la maladie qui vous a tant fait souffrir. Imaginez votre corps baigné de lumière curative lorsque le chirurgien achève son travail.

4 Imaginez-vous après l'opération, fort et capable de gérer tout inconfort, parce que votre corps est en train de retrouver la santé et la vitalité. Restez avec cette image et ce sentiment tant que vous le voulez. Quand vous êtes prêt, achevez votre méditation.

SOURIRE INTÉRIEUR

Le "Sourire intérieur" est un outil utilisé par les praticiens taoïstes pour consolider en douceur la santé et le bien-être. Il aide votre corps à obtenir l'attention affectueuse qu'il mérite.

Avantages

- Favorise la prise de conscience des organes internes
- Prévient la maladie
- Favorise la guérison

Méditation

Quand

Pratiquez le Sourire intérieur tous les jours, à tout moment, n'importe où. Attendez une heure après les repas avant de commencer la méditation.

Préparation

Lisez un livre d'anatomie pour connaître l'emplacement des organes de votre corps.

Pratique

1 Asseyez-vous confortablement sur le bord d'une chaise, les pieds à plat sur le plancher. Visualisez une source d'énergie souriante à environ 1 mètre devant vous. Ce peut être une image de votre visage souriant ou de quelqu'un que vous aimez et respectez.

2 Laissez l'énergie souriante s'accumuler entre vos sourcils et couler depuis ce point sur votre visage, sur votre cou, puis sur votre thymus, situé derrière le sternum. Imaginez-la éclatante de santé vibrante.

3 Percevez le courant d'énergie souriante descendre dans votre cœur. Laissez-le soulager la tension accumulée. Faites rayonner l'amour de votre cœur vers vos poumons, dont vous percevez la respiration aisée. Souriez maintenant à votre foie sur le côté droit, juste sous la cage thoracique. Si votre foie est dur, assouplissez-le grâce à votre sourire.

4 Laissez l'énergie souriante traverser votre abdomen vers votre pancréas, situé dans la partie inférieure gauche de la cage thoracique. Remerciez-le pour son travail et veillez à ce qu'il soit sain et fonctionne sans heurts.

5 En continuant vers la gauche, souriez à votre rate. Remerciez-la pour son travail difficile. Dirigez le sourire vers vos reins, situés vers le bas du dos, juste sous la cage thoracique, des deux côtés de la colonne vertébrale. Les glandes surrénales sont placées à leur sommet. Souriez-leur et vous ressentirez une poussée d'adrénaline. Pour terminer, envoyez l'énergie souriante dans votre trajet urinaire, vessie, urètre et organes génitaux.

6 Terminez en emmagasinant l'énergie souriante dans la région du nombril, à environ 3 cm vers l'intérieur du corps.

TARA I

C'est la première des trois pratiques basées sur la méditation bouddhique tibétaine de Tara, l'aspect féminin du Bouddha. Elle vous aidera à guérir la peur, quelle que soit sa forme.

Avantages

- Guérit la peur
- Favorise la compassion envers soi-même
- Diminue les émotions négatives

Vous pouvez penser à la peur comme à un simple état de frayeur. Par exemple, si votre jeune enfant court loin devant vous dans une rue animée, vous aurez peur. Mais la peur est souvent l'état émotionnel mental à la racine de vos émotions négatives. Les bouddhistes tibétains méditent sur Tara, la manifestation féminine du Bouddha, pour favoriser la transformation de ces états émotionnels négatifs. Vous n'avez pas à être bouddhiste pour pratiquer cette méditation.

Méditation

Quand

Pratiquez cette méditation quand vous voulez aller à la racine de vos émotions perturbantes.

Préparation

Réfléchissez à la façon dont la peur peut susciter des émotions difficiles.

Pratique

1 Asseyez-vous sur un coussin ou sur une chaise en posture de méditation. Inspirez profondément et expirez lentement 10 fois pour concentrer votre mental. Visualisez ensuite une belle manifestation féminine du Bouddha, assise en posture de méditation devant vous. Remarquez qu'elle est très gentille, compatissante et patiente. Demandez-lui de vous aider à éliminer vos peurs apparaissant sous forme d'émotions négatives.

2 Si, par peur d'être abandonné, vous contrôlez vos proches, demandez à Tara de vous rendre capable de pratiquer l'amour inconditionnel. Si vous éprouvez une peur qui se manifeste par la colère parce que vous êtes effrayé d'être blessé ou utilisé, demandez à Tara son aide pour vous fier davantage à votre capacité de vous occuper de vous-même, d'être plus patient et tolérant envers les autres.

3 Si vous éprouvez une peur qui se manifeste sous forme de jalousie, demandez à Tara de vous aider à prendre plaisir au bonheur des autres. Si votre peur vous rend malheureux et vous pousse à vous refuser aux autres ou à leur refuser vos biens, demandez à Tara son aide afin d'être plus généreux.

4 Visualisez Tara exauçant vos désirs. Notez qu'elle est constamment à vos côtés pour vous aider et vous soutenir pour une vie plus compatissante.

TARA II

Cette seconde méditation sur
Tara, le Bouddha féminin, est faite
pour la protection.

Avantages

- Aide à imposer des limites
  saines

- Fournit protection et
  soutien

- Encourage la croissance
  personnelle

Méditation

Quand

Essayez cette méditation si
vous vous sentez vulnérable
et débordé.

Passez du temps à observer les couleurs dans la
nature. Admirez les teintes vives des fleurs et
les nuances plus subtiles de la forêt.

Pratique

1 Asseyez-vous sur un coussin ou sur une chaise, en posture de méditation. Visualisez une belle forme féminine du Bouddha assise pareillement devant vous. Imaginez une belle lumière blanche translucide venant du cœur de Tara. Laissez-la vous engloutir et pénétrer dans votre cœur. La lumière rayonne de vos deux cœurs pour former un bouclier en forme d'œuf qui englobe votre corps et s'étend jusqu'à environ 1,5 mètre autour de lui, amenant la paix dans votre vie et vos relations.

2 Visualisez une lumière jaune doré venant du cœur de Tara et entrant dans le vôtre. Elle s'élargit pour former un autre bouclier s'étendant à environ 1,5 mètre au-delà du blanc, vous protégeant et vous aidant à régénérer votre santé physique.

3 Visualisez une lumière rouge orangé venant du cœur de Tara dans le vôtre et créant un autre bouclier s'étendant au-delà du blanc et du jaune doré. Ce bouclier aide à développer l'efficacité au travail, dans la vie familiale et la vie spirituelle.

4 Visualisez une lumière d'un bleu brillant venant du cœur de Tara pour créer un autre bouclier, comme précédemment. Ce bouclier aide à instaurer des limites saines dans votre vie personnelle et professionnelle.

5 La lumière du cœur de Tara devient maintenant un superbe vert et créé un bouclier de plus au-delà des autres précédemment créés. Ce bouclier vert favorise l'accomplissement de vos nombreuses activités.

6 Visualisez lumière du cœur de Tara prenant une teinte rouille et créant le dernier bouclier, qui stabilise les autres et les fait fonctionner. Percevez la bénédiction de Tara et remerciez-la pour son aide. Sachez que vous pouvez avancer dans la vie avec une énergie, une confiance et une protection nouvelles.

TARA III

Cette troisième méditation sur le Bouddha féminin Tara vise à
guérir les éléments qui forment votre corps.

Avantages

- Guérit le corps physique
- Fortifie les éléments qui constituent le corps
- Favorise la longévité

Méditation

Quand

Pratiquez cette troisième version
de la méditation de la Tara
Blanche si vous êtes malade ou
pour prévenir la maladie.

Préparation

Soyez ouvert à l'idée tibétaine que votre corps est
formé de cinq éléments – Terre, Eau, Feu, Air et
Espace.

Pratique

1 Asseyez-vous sur un coussin ou sur une chaise à dossier droit. Visualisez la belle forme féminine du Bouddha assise en posture de méditation devant vous. Demandez-lui d'être débarrassé des maladies ou des déséquilibres de votre corps.

2 Visualisez une lumière dorée émergeant du cœur de Tara, s'étendant dans l'univers en rassemblant toutes les énergies de la Terre, puis revenir à son point de départ. Son corps se remplit de lumière dorée qui arrive dans votre cœur depuis le sien. Votre corps se remplit à son tour d'une belle lumière dorée, qui guérit tous vos organes.

3 La lumière du cœur de Tara devient blanche, s'étend à l'univers et rassemble toutes les énergies de l'Eau, puis revient à son point de départ. Son corps se remplit de lumière blanche qui arrive dans votre cœur depuis le sien. Votre corps se remplit de lumière blanche et les fluides de votre corps sont guéris, équilibrés et régénérés.

4 De la même manière, la lumière du cœur de Tara devient rouge, s'étend à l'univers et rassemble toutes les énergies du Feu. Depuis son cœur, cette lumière rouge arrive dans votre cœur. Votre corps se remplit de lumière rouge qui guérit la digestion et tout déséquilibre thermique.

5 La lumière du cœur de Tara devient verte, rassemble l'énergie de l'Air et retourne dans son cœur. Depuis son cœur, cette lumière verte arrive dans votre cœur. Votre corps se remplit de lumière verte et guérit tout trouble respiratoire.

6 Finalement, la lumière du cœur de Tara devient bleue, rassemble les énergies de l'Espace, puis revient dans son cœur. Depuis son cœur, cette lumière bleue arrive dans le vôtre. Votre corps se remplit de lumière bleue, qui guérit les espaces de votre corps permettant à vos organes, cellules et systèmes de fonctionner efficacement.

7 Achevez votre méditation en affirmant que tous vos éléments corporels ont été guéris et rajeunis. Remerciez Tara pour son aide et sa bénédiction.

ALIMENTATION

L'obésité est de plus en plus répandue, tout comme les dépendances alimentaires. Cette méditation aide à guérir les causes de ce besoin de manger trop et à trouver de meilleures façons de nourrir le corps et l'âme.

Avantages

- Soutient la perte de poids
- Aide à suivre un régime alimentaire plus approprié
- Équilibre la relation avec les aliments

Vous mangez peut-être trop parce que vous êtes affamé émotionnellement. Si vous avez vraiment besoin d'amour tout en craignant de le donner ou de le demander, vous risquez de manger pour compenser. Mais quoi qu'il en soit, la nourriture n'est pas un substitut à l'amour.

Méditation

Quand

Essayez cette méditation chaque semaine si vous êtes boulimique et en surcharge pondérale.

Préparation

Notez par écrit toutes les manières dont vous n'êtes pas nourri émotionnellement, soit par vous-même, soit par les autres.

Pratique

1 Asseyez-vous sur un coussin ou sur une chaise à dossier droit dans un endroit tranquille. Allumez une bougie et de l'encens, si vous en avez envie.

2 Rappelez-vous comment vous vous sentiez juste avant de vous empiffrer. Même si vous avez bloqué à ce moment-là vos sentiments, demandez-vous ce que vous ressentiez ? Si vous vous sentiez triste, solitaire, furieux, effrayé, permettez-vous de ressentir une fois de plus cette émotion, ou peut-être pour la première fois. Allez plus loin et demandez-vous ce qui a causé l'émotion. Craignez-vous de ne jamais avoir un partenaire, celui actuel vous attriste-t-il parce qu'il ne communique pas avec vous ? C'est là une douleur de votre enfance ?

3 Imaginez des manières de vous aider vous-même autres que la nourriture. Vous auriez peut-être pu accepter vos sentiments, les noter dans votre journal, prendre un bain ou écrire une lettre à votre partenaire peu communicatif.

4 Rendez-vous compte de ce que vous auriez ressenti si vos besoins avaient été satisfaits. Respirez profondément pendant quelques minutes, en gardant à l'esprit ce sentiment. Achevez votre méditation quand vous êtes prêt.

PATIENCE

La colère est parmi les émotions les plus destructrices pour la santé. Méditer sur son antidote, la patience, rendra votre vie plus agréable pour vous et pour vos proches.

Avantages

- Favorise la paix dans les relations
- Encourage la tolérance et la patience envers les autres
- Diminue le stress

Pour le bouddhisme, la patience signifie "tolérance" et se réfère à la capacité de rester calme face à l'adversité ou à la provocation, autrement dit, de ne pas se laisser aller à la colère. La colère est une force puissante dans chacun d'entre nous. Observez à quel point la plus simple des choses peut vous énerver, malgré votre nature positive. Le Bouddha conseillait de gérer la colère grâce à la méditation, afin de devenir plus calme, plus conscient des émotions et plus affectueux envers les autres.

Méditation

Quand

Si vous avez été très énervé dernièrement, essayez cette méditation pour apprendre la patience.

Préparation

Pensez à la dernière fois où vous avez été en colère et à ce qui a causé cet état.

Pratique

1 Asseyez-vous sur un coussin ou sur une chaise dans votre espace de méditation. Surveillez votre respiration pendant 5 minutes pour calmer et concentrer votre corps et votre mental.

2 Rappelez-vous la dernière fois où vous étiez en colère contre quelqu'un. L'êtes-vous encore ? Sinon, où est allée votre colère ? Demandez-vous si cette attitude vous a aidé ou vous a blessé dans la situation respective. Demandez-vous si elle vous a aidé à devenir une personne plus gentille, plus affectueuse.

3 Comment vous sentiez-vous si vous étiez capable d'offrir à cette personne plus d'espace pour être elle-même, n'importe l'irritation que vous ressentez à son égard. Imaginez le faire maintenant. Percevez la paix qui vous submerge à mesure que vous vous relaxez et abandonnez le besoin de vous disputer. Générez le désir sincère que cette personne soit heureuse et exempte de souffrance.

4 Revenez au présent. Asseyez-vous et observez votre respiration pendant 5 autres minutes. Achevez votre méditation.

L'ENFANT INTÉRIEUR

Certains ne grandissent jamais, non parce qu'ils sont des garnements gâtés, mais parce qu'ils n'ont pas été élevés comme il faut. Cette méditation vous aidera à apprendre à être un bon parent.

Avantages

- Guérit les traumatismes familiaux
- Favorise le soin personnel
- Fortifie le respect de soi

Malgré leurs meilleures intentions, vos parents ont pu rencontrer des difficultés à assumer cet état. Peut-être leur propre enfance a-t-elle été difficile ? Cette méditation ne blâme personne. Elle enseigne à prendre soin de soi-même si ces savoir-faire n'ont pas été appris à un âge plus tendre.

Méditation

Quand

Excellente méditation si vous aimiez apprendre à prendre mieux soin de vous, physiquement et émotionnellement.

Préparation

Prenez un bloc-notes et un crayon.

Pratique

1 Asseyez-vous en posture de méditation dans un endroit tranquille. Allumez une bougie ou de l'encens pour mieux vous concentrer. Méditez sur votre respiration pendant quelques minutes pour calmer votre mental.

2 Divisez votre bloc-notes en deux colonnes. Du côté gauche, en haut, écrivez "parent". Du côté droit, écrivez "enfant". Imaginez que vous êtes votre propre parent et demandez à votre enfant quels sont ses sentiments et ses besoins en ce moment. Inscrivez-les dans la première colonne.

3 Devenez ensuite votre "enfant intérieur". Répondez à votre "parent". Notez tous vos désirs. Revenez au mental

parent et répondez à votre enfant. Si celui-ci est en colère contre vous en tant que "parent", demandez-lui ce que vous pouvez faire pour l'apaiser. Si votre enfant est triste, parlez-lui pour découvrir la cause du problème. Continuez ce dialogue écrit pendant environ 20 minutes.

4 En tant que "parent", dites à votre enfant que vous avez connu de nombreux problèmes en prenant soin de lui, mais que vous aimeriez être un meilleur parent et avoir plus de conversations du même genre.

5 Achevez votre méditation en surveillant votre respiration pendant quelques minutes. Notez si vous vous sentez plus calme et plus relaxé.

UN MEILLEUR PARENT

Être parent est le plus difficile et important travail de la planète. Essayez cette méditation pour visualiser comment devenir un meilleur parent.

Avantages

- Aide à devenir le meilleur parent possible
- Encourage à réfléchir au fait d'être parent
- Facilite les relations avec les enfants

Jusqu'à récemment, le fait d'être parent était une affaire collective. Les familles élargies aidaient quand on avait besoin de faire une pause face à un petit enfant de 2 ans ou à un adolescent rebelle. Maintenant, on demande beaucoup aux mères et aux pères qui assument toutes les charges sans l'aide des tantes, des oncles, des cousins ou des grands-parents vivant à proximité. La pratique de cette méditation vous aidera à faire se manifester le parent que vous aimeriez être tous les jours.

Méditation

Quand

Si vous êtes parent, pratiquez cette méditation toutes les semaines.

Préparation

Trouvez un moment pour rester seul une demi-heure. Placez une offrande de fruits ou de fleurs dans votre espace de méditation.

Pratique

1 Asseyez-vous sur un coussin ou sur une chaise à dossier droit. Si vous avez un autel, allumez une bougie. Offrez une fleur ou un morceau de fruit à votre pouvoir supérieur et établissez une connexion mentale avec lui. Si vous n'y croyez pas et n'avez pas d'autel, offrez mentalement la meilleure partie de vous.

2 Rappelez-vous les qualités que vous aimeriez avoir en tant que parent. Votre liste peut inclure la disponibilité émotionnelle, le soutien, le fait de ne pas porter des jugements ou d'être capable de jouer avec vos enfants. Vous aimeriez pouvoir instaurer des limites justes ou de savoir quand les protéger et quand les encourager à avancer. Même si ces savoir-faire vous manquent, visualisez-vous les posséder.

3 Demandez à votre pouvoir supérieur de vous aider à devenir le parent que vous aimeriez être. Imaginez votre pouvoir supérieur vous sourire en vous acceptant comme le parent que vous êtes mainte-nant en vous offrant soutien et encoura-gement pour que vous deveniez le meilleur parent possible.

4 Achevez votre méditation en restant tranquillement assis pendant quelques minutes, savourant la paix et le calme.

S'OCCUPER D'UN AUTRE

Si vous vous occupez d'une personne gravement malade, cette méditation vous aidera à prendre soin de vous en vue de devenir capable de mieux soigner vos proches. Si vous êtes un professionnel, cette méditation vous convient aussi.

Avantages

- Rajeunit pour ce travail difficile
- Aide à instaurer des frontières saines
- Aide à traiter les émotions

Méditation

Quand

À chaque fois que vous vous sentez débordé par les responsabilités des soins à une autre personne.

Préparation

Admettez vos sentiments. Laissez aller la culpabilité d'avoir pris du temps pour vous-même.

Pratique

1 Allongez-vous sur un tapis d'exercice, sur le plancher ou sur le lit. Placez les mains sur votre cœur. Inspirez dans cette région pendant quelques minutes. Relaxez-vous autant que possible.

2 Reconnaissez en silence les qualités que vous appréciez en vous. Admettez que vous êtes une personne très responsable et affectueuse, très compatissante envers ceux qui souffrent ou sont dans le besoin.

Laisser de côté vos besoins, perdre vos frontières personnelles, vous négliger, vous épuiser, devenir indifférent et même déprimé sont des dangers potentiels pour toute personne qui s'occupe des autres. La méditation allégera les stress de ce travail difficile et vous aidera à le gérer.

3 Reconnaissez vos autres forces et l'aide apportée à vos proches ou à vos patients, si vous êtes un professionnel. Reconnaissez l'amour que vous donnez et recevez.

4 Sentez que l'énergie entourant la zone de votre cœur s'élargit pour remplir tout votre corps. Restez dans cette position aussi longtemps que vous le voulez, puis mettez fin à votre méditation.

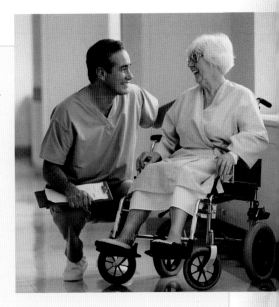

YONI

Yoni est un terme sanskrit signifiant "matrice", "demeure", "source". Cette méditation vous aidera à guérir les abus sexuels subis et vous permettra d'entretenir une relation positive avec votre corps et votre sexualité.

Avantages

- Aide à guérir les abus sexuels
- Créé des sentiments positifs à propos de la sexualité
- Consolide les frontières saines

Si vous avez subi des abus sexuels, vous ressentez probablement de la culpabilité. Vous avez pu développer des sentiments négatifs envers votre corps et votre sexualité. La méditation vous facilitera la route vers le rétablissement.

Méditation

Quand

Méditez à chaque fois que vous voulez aider le processus de guérison.

Préparation

Écrivez trois pages dans votre journal à propos de votre corps et de ce que vous ressentez à son propos.

Pratique

1 Allongez-vous sur un tapis de yoga sur le plancher. Placez sur vous une couverture légère. Imaginez que vous arrivez dans un beau temple de la Déesse dans un autre lieu et un autre temps.

2 Une prêtresse vous accueille à votre arrivée au temple. Elle vous prévient que la porte du temple, la vulve symbolique de la Déesse, a été endommagée lors de la dernière invasion. Bien que la porte ait été remplacée, le dommage spirituel reste encore à guérir. Elle vous appelle pour l'aider, car toutes les femmes sont faites à l'image de la Déesse et possèdent leur propre Porte sacrée.

3 Elle vous demande de placer vos mains sur votre corps et de penser à la manière très délicate, très attentive, dont vous vouliez qu'on ouvre votre porte. Elle va vers la porte du temple et dit à la Déesse : "Je vous aime, laissez-moi entrer s'il vous plaît".

4 La porte du temple s'ouvre soudainement un peu et vous pouvez voir la lumière et sentir l'arôme de l'encens. En entrant, vous voyez la Déesse, vous l'approchez et lui racontez votre grande honte. Elle la reçoit avec amour et la brûle sur un feu rituel. En quittant le sanctuaire, vous savez qu'on vous a offert une profonde guérison intérieure qui se manifestera le moment venu.

LAISSER ALLER, AVANCER

Avantages

- Aide à trouver le courage de laisser aller
- Renforce le respect de soi
- Encourage l'amour et le respect pendant une séparation

Parfois, il est nécessaire de mettre fin à une relation amoureuse. Que vous le vouliez ou non, cette séparation est difficile et douloureuse. Cette méditation vous aidera.

Il faut du courage pour se séparer d'une personne qu'autrefois vous ne vouliez jamais quitter. Très amoureux à une époque, maintenant vous vous sentez pourtant en colère, blessé, déçu et désillusionné. Il est naturel de vouloir s'accrocher, car la solitude effraye. Cependant, votre Moi supérieur sait que le moment est venu de partir. Laissez la méditation vous soutenir au cours de cette transition.

Méditation

Quand

Pratiquez quand votre décision de mettre fin à une relation est incertaine, même si vous savez devoir le faire. Cette méditation vous aidera à avancer.

Préparation

Trouvez un endroit pour méditer loin de la personne que vous pensez quitter.

Pratique

1 Asseyez-vous en posture de méditation sur votre coussin ou sur votre chaise. Méditez en surveillant votre respiration pendant 5 minutes. Essayez de calmer votre corps et votre mental si vous êtes émotionnellement perturbé.

2 Visualisez devant vous la personne que vous quittez. Dites-lui ce qui vous attirait en elle et quelles étaient les qualités que vous admirez chez elle à l'époque. Rappelez-vous trois moments magnifiques partagés avec elle. Remerciez-la pour eux.

3 Ne parlez pas de votre colère, n'exprimez aucune négativité. Générez plutôt le souhait qu'elle soit heureuse à l'avenir. Dites-lui qu'il est difficile de renoncer à votre relation, mais que vous devez suivre votre propre chemin pour votre plus grand bien. Imaginez votre partenaire acceptant de vous laisser partir et vous souhaitant à son tour du bonheur.

4 Si vous avez envie de pleurer, faites-le. Sentez-vous fortifié et nourri par votre énergie positive et aimante. Achevez votre méditation en observant votre respiration pendant 5 minutes.

RÉJOUISSEZ-VOUS

Il se peut que vous constatiez que vous n'êtes pas très heureux pour votre meilleur ami qui a trouvé un excellent emploi. En fait, vous êtes carrément jaloux. Cette méditation aide à transformer les raisins aigres en champagne.

Avantages

- Aide à transformer la jalousie en vraie joie
- Ouvre le cœur
- Améliore les relations

Il paraît difficile de se réjouir quand quelqu'un d'autre obtient l'emploi qu'on veut ou quand le voisin désagréable gagne le gros lot à la loterie, mais cette sensation est bien meilleure que la jalousie.

Méditation

Quand

Essayez cette méditation si vous vous sentez déborder de jalousie face à la réussite de quelqu'un.

Préparation

Si vous êtes jaloux de quelque chose, admettez-le. Écrivez un paragraphe à propos des raisons de votre jalousie.

Pratique

1 Asseyez-vous sur un coussin ou sur une chaise devant votre autel, si vous en avez un, ou dans votre espace sacré.

2 Pensez à la situation qui vous rend jaloux. Êtes-vous jaloux parce que vous êtes possessif face à la tendresse romantique de votre partenaire ? Êtes-vous jaloux parce qu'un ami a reçu un héritage fabuleux ? Qu'est-ce qui déclenche votre jalousie ?

3 Demandez-vous si votre jalousie vous dessert vraiment. Vous aide-t-elle à obtenir ce que vous vouliez ? Vous charge-t-elle de pouvoir ? La chose ou la situation qui vous rend jaloux vous rend-elle réellement heureux ? Votre bonheur durera-t-il ? Pourquoi la chance d'un ami suscite-t-elle votre jalousie ?

4 Choisissez une situation où vous avez été très jaloux d'un ami ou d'un collègue de travail. Réjouissez-vous maintenant de la chance de cette personne. Générez un sentiment sincère de générosité envers elle et souhaitez-lui seulement de bonnes choses. Sentez votre amour propre s'atténuer et votre cœur s'ouvrir. Notez que vous vous sentez heureux et libre quand vous vous réjouissez pour votre ami. Vous pouvez vous sentir seul, mais vous ne l'êtes pas.

5 Achevez votre méditation en générant un sentiment de compassion pour vous-même et pour tous ceux qui se débattent dans les affres de la jalousie. Engagez-vous à vous réjouir à chaque fois que vous détectez l'ombre de la jalousie.

L'ESPRIT GUÉRIT L'ESPRIT

Si vous avez un problème d'alcoolisme, la cure implique davantage que de se tenir à l'écart de la boisson. Vous devez nourrir votre âme et vous reconnecter avec votre vie spirituelle. Cette méditation vous aidera sur ce chemin.

Avantages

- Soutient la guérison de l'alcoolisme
- Guérit l'esprit
- Encourage à s'appuyer sur la voie spirituelle

Bill Wilson, le fondateur des Alcooliques Anonymes (AA), attribue à Carl Jung la découverte de l'expérience spirituelle en tant que cure pour l'alcoolisme. Les trois premières étapes du Programme en 12 étapes des AA sont : 1. Nous admettons que nous sommes impuissants face à l'alcool – que notre vie est devenue ingérable. 2. Nous pensons qu'un pouvoir supérieur peut nous ramener à la santé mentale. 3. Nous avons pris la décision de mettre notre volonté et notre vie entre les mains de Dieu, tel que nous Le comprenons. La méditation suivante est inspirée de la troisième étape.

Méditation

Quand

Si vous avez du mal à faire appel à votre volonté pour cesser de boire, demandez l'aide de votre pouvoir supérieur.

Préparation

Évaluez votre alcoolisme et la façon dont il vous nuit.

Pratique

1 Asseyez-vous sur un coussin ou sur une chaise dans votre espace de méditation. Allumez une bougie. Concentrez-vous sur votre respiration pendant 5 minutes pour calmer et clarifier votre mental.

2 Visualisez une lumière chaleureuse autour de la région de votre cœur. Sentez cette zone s'assouplir et s'ouvrir.

3 Visualisez votre pouvoir supérieur assis devant vous. Offrez-lui une prière. Demandez de l'aide pour surmonter la dépendance à l'alcool. Priez que votre vision dépasse le monde matériel pour inclure les domaines spirituel et sacré de la réalité. Finalement, demandez d'être capable de maintenir la compassion pour vous-même au cours de ce parcours difficile.

4 Achevez votre méditation en visualisant votre pouvoir supérieur s'installant dans votre cœur.

L'ORBITE MICROCOSMIQUE

Méditation taoïste assez peu connue, l'Orbite microcosmique, est une excellente façon de guérir vos organes et d'entretenir la santé.

Avantages

- Maintien l'équilibre des systèmes organiques
- Favorise la guérison des maladies
- Prévient les maladies

La méditation de l'Orbite microcosmique est basée sur le système chinois des méridiens, les canaux énergétiques traversant votre corps. L'énergie interne circule via une "orbite" formée par le Vaisseau Gouverneur, méridien qui monte du périnée jusqu'à la tête, et par le Vaisseau Conception, méridien qui descend de la tête jusqu'au périnée. Les taoïstes pensent que cette méditation remplit d'énergie le Vaisseau Gouverneur et le Vaisseau Conception, énergie distribuée ensuite par les méridiens à tous les organes principaux. Ceux-ci sont ainsi énergisés et régénérés.

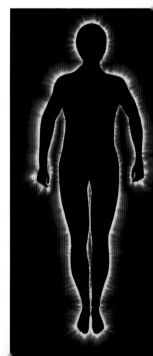

Méditation

Quand

À tout moment, pour entretenir la circulation fluide de l'énergie dans le corps.

Pratique

1 Asseyez-vous sur une chaise à dossier droit, pieds à plat sur le plancher. Calmez votre mental et régularisez votre respiration. Quand votre mental est calme, tournez votre attention sur votre nombril. Visualisez une poche d'énergie rougeoyante dans votre région ombilicale. Si possible, essayez de la sentir. Utilisez votre mental pour la faire descendre vers le périnée, puis à remonter à travers le coccyx.

2 Quand vous sentez que l'énergie a traversé cette zone, visualisez-la monter à la jonction de vos côtes avec la colonne vertébrale. Visualisez-la monter vers la base de votre crâne.

3 Quand l'énergie passe là, appuyez la langue contre le palais. Visualisez-la

Préparation

Lisez d'abord la méditation avant de la pratiquer, afin de connaître la trajectoire de l'Orbite.

ensuite atteindre le sommet de votre tête, puis concentrez-vous sur le point situé entre vos sourcils. Faites descendre l'énergie du sommet de votre tête et à travers ce point.

4 L'énergie descend à travers le point situé entre les sourcils, le palais et la langue dans votre gorge, jusqu'à votre cœur. Faites-la descendre une fois de plus à travers le plexus solaire, dans la région du nombril. Répétez le cycle autant de fois que vous le voulez.

5 Achevez votre méditation en affirmant que vos organes ont été guéris et régénérés.

SE METTRE
À BOUGER

MÉDITATIONS EN MOUVEMENT

La méditation est davantage que rester assis sur un coussin. Les praticiens spirituels de toutes les cultures et de toutes les traditions utilisent la méditation assise pour améliorer leur vie et approfondir leur prise de conscience. Toutefois, la posture assise n'est nullement obligatoire. Les praticiens des arts martiaux, surtout ceux du taï chi, considèrent que leur art est une méditation en mouvement. Les coureurs de fond et d'autres athlètes parlent d'expériences méditatives et des éveils spirituels en pratiquant leur sport. Comme on vous le rappelle, la méditation n'est pas uniquement une pratique mentale, c'est une expérience corps-mental. Si vous stimulez tant le corps que le mental, vous pouvez transformer n'importe quoi en méditation. Si vous êtes novice et avez du mal à rester immobile, essayez pour commencer la méditation en mouvement. Expérimentez ces merveilleuses alternatives au coussin.

Commencez par la méditation du "Labyrinthe", excellent exercice pratiqué dans le monde entier depuis la nuit des temps. Traverser le labyrinthe aide à aller au cœur d'un problème, à découvrir votre vraie nature et à équilibrer votre corps et votre mental. Si vous aimez courir, le "Parcours du coureur" vous aidera à méditer pendant votre jogging du matin et à transformer votre programme habituel. Si vous êtes jardinier, vous aurez la chance de transformer le "Désherbage" en une extraordinaire pratique méditative pour alléger les émotions négatives. "La Promenade Zen" vous fait connaître une pratique bouddhiste Zen de mouvement attentif, le *kinhin*.

Avez-vous déjà eu l'impression d'avoir été transporté sur un autre plan pendant que vous dansiez ? Dans ce cas, la "Transe de la danse" est faite pour vous. Si vous aimez l'aventure, essayez le "Derviche tourneur" pour avoir un aperçu de la méditation virevoltante soufie. Le célèbre poète mystique Rûmî a conçu le tourbillonnement en tant que pratique méditative pour se centrer et ouvrir son cœur au Divin. Si vous pratiquez déjà le yoga, vous connaissez probablement le "Salut au Soleil", exercice des plus renommés. La nage compte parmi les sports les plus méditatifs, si bien que son choix pour une méditation concentrée est naturel. Essayez "Nagez vers l'illumination" si vous voulez tirer le maximum de vos mouvements. Vous voulez que votre maison soit propre ? Pourquoi ne pas utiliser "Coup de balai" pour éliminer la réflexion négative en faisant le ménage ? Le "Tapis de jogging" aide à combiner l'exercice avec la méditation sur la respiration, pour des résultats doublement bénéfiques.

LABYRINTHE

La traversée du labyrinthe était pratiquée jadis en Crète, en Égypte, au Pérou, en Inde, en Irlande. Vous marchez en méditant le long d'un chemin qui virevolte en une série de courbes ou de spirales jusqu'au centre du labyrinthe.

Avantages

- Aide à trouver le centre spirituel
- Rend la prière plus intense
- Aide à résoudre les problèmes

En faisant appel à un moteur de recherche sur Internet, vous constaterez qu'il y a des labyrinthes dans le monde entier. De nombreuses églises et lieux de retraite en comportent. Parcourir un labyrinthe aide à connecter les hémisphères cérébraux droit et gauche, ce qui favorise la pensée créative et la résolution des problèmes. En suivant le chemin tortueux vers le centre du labyrinthe, vous aurez un plus large aperçu de votre vie ou d'un problème que vous vous efforcez de régler.

Méditation

Quand

Parcourez le labyrinthe à chaque fois que vous voulez vous comprendre mieux ou aller au cœur d'un problème.

Préparation

Trouvez un labyrinthe près de chez vous. Sinon, méditez en suivant du doigt le dessin d'un labyrinthe.

Pratique

1 Tenez-vous à l'entrée du labyrinthe et concentrez-vous sur un problème, par exemple sur une décision à prendre à propos d'un nouvel emploi.

2 En pénétrant dans le labyrinthe, analysez ce que vous pensez à propos du problème. En vous enfonçant davantage dans le labyrinthe, méditez sur ce que vous ressentez à propos du problème. Quelles émotions émergent ?

3 Continuez vers le centre en vous demandant comment ce problème affecte-t-il votre monde, vos finances ou votre santé. Demandez-vous ensuite comment il affecte votre vie spirituelle.

4 Quand vous arrivez au centre, demandez à votre pouvoir supérieur de vous aider à régler votre problème. Restez silencieux et observez ce qui émerge. Acceptez-le sans porter de jugement. Si rien ne vous vient à l'esprit, soyez patient. Une réponse arrivera probablement quelques jours plus tard.

5 En allant vers la sortie du labyrinthe, méditez à toute solution possible. Si aucune n'émerge, concentrez-vous sur les mouvements de vos pieds, l'un devant l'autre. Quand vous arrivez à la sortie du labyrinthe, restez là un moment et remerciez votre pouvoir supérieur pour son aide.

LE PARCOURS DU COUREUR

Si vous faites du jogging, vous avez probablement déjà connu l'expérience d'un état méditatif en courant. Utilisez cette méditation pour devenir plus concentré et plus conscient.

Avantages

- Transforme la course en activité spirituelle

- Encourage l'attention

- Atténue le stress et la dépression

Méditation

Quand

Méditez à chaque fois que vous courez seul.

Préparation

Essayez d'être dans le moment présent et de faire attention à tout ce qui vous entoure.

Pratique

1 Commencez à méditer avec attention en revêtant votre tee-shirt, short et baskets, en vous concentrant sur chaque tâche.

2 En vous mettant à courir, méditez comme pour "Surveillez votre respiration" des pages 50 et 51, sauf que vous bougez au lieu de rester assis sur un coussin ou sur une chaise.

Les chercheurs ont constaté que la course et la méditation ont un effet positif sur l'état d'esprit. Chez les coureurs et les méditants, la sécrétion d'une hormone spécifique s'accroît, fortifiant le bien-être. Si votre travail est sédentaire, s'il se passe devant un écran d'ordinateur pendant la majeure partie de la journée, vous devez bouger pendant vos loisirs. Si vous courez, pourquoi ne pas combiner cette activité avec la méditation pour en bénéficier doublement ?

3 Concentrez-vous maintenant sur la course et non plus sur votre respiration. Essayez de ne pas laisser émerger des pensées ; si elles surviennent quand même, concentrez-vous de nouveau sur votre jogging. Percevez votre corps, votre mental et votre âme fonctionner comme un ensemble. Continuez à rester dans le moment présent, très conscient de ce qui vous entoure.

4 Quand vous avez fini la course, déchaussez-vous et restez pieds nus sur l'herbe. Sentez-vous connecté à la Terre et ancré dans votre corps. Faites attention au moment présent durant toute la journée.

LE DÉSHERBAGE

Si vous êtes jardinier, vous savez ce qu'est le désherbage. Pourquoi ne pas en faire une pratique méditative ? Si vous n'avez pas de jardin, proposez votre aide à un ami ou faites du bénévolat auprès d'un service d'entretien des parcs.

Avantages

- Fait du jardinage une activité spirituelle

- Aide à atténuer les émotions négatives

- Favorise la croissance positive

La visualisation a un puissant effet sur votre mental. Si vous voulez faire des changements positifs dans votre vie, la visualisation peut accélérer le processus. Lors de cette méditation, les mauvaises herbes symbolisent toute habitude négative dont vous voulez vous débarrasser.

Méditation

Quand

Essayez cette méditation quand
vous jardinez.

Préparation

Préparez vos gants de jardinage et vos
genouillères. Rassemblez les outils nécessaires,
comme le déplantoir et la fourche de jardin.

Pratique

1 Asseyez-vous tranquillement sous un
arbre. Pensez à toute habitude négative que vous avez, comme la tendance à
être de mauvaise humeur ou à tout remettre au lendemain. Visualisez les
mauvaises herbes comme étant vos
habitudes négatives.

2 Levez-vous et approchez-vous de la
zone que vous planifiez de dés-
herber. Tenez-la pour votre mental.
Regardez les fleurs et les plantes comme
vos traits positifs et les mauvaises herbes
comme les traits négatifs que vous
aimeriez éliminer.

3 Essayez de rester très concentré et
attentif en arrachant les mauvaises
herbes, essayez de rester très concentré
et attentif. Quand vous en arrachez une,
pensez que vous éliminez vos habitudes
négatives. Continuez ainsi jusqu'à ce que
toutes les mauvaises herbes soient
arrachées.

4 Finissez en fertilisant et en arrosant
les fleurs et les plantes. Pensez à
elles comme à des traits positifs que
vous aimeriez entretenir.

LA PROMENADE ZEN

Les bouddhistes Zen pratiquent une merveilleuse méditation en mouvement appelée *kinhin*. Vous n'avez pas à être bouddhiste pour profiter de cette méditation apaisante, centrante, attentive.

Avantages

- Élargit la pratique de la concentration à la marche

- Aide à intégrer le mental concentré avec le mouvement

- Soulage durant les longues séances de méditation assise

Méditation

Quand

Essayez cette méditation quand vous voulez ralentir et être plus précis dans votre travail ou vos relations.

Préparation

Décidez d'un chemin à suivre, soit dans la maison, soit à l'extérieur.

Pratique

1 Tenez-vous debout, le dos droit, et essayez de rester détendu. Joignez les mains en dessous du sternum ou du cœur, poing gauche légèrement serré, pouce entouré des autres doigts. Placez la main droite sur la gauche, pouce droit sur le sommet de celle-ci. Gardez les coudes un peu écartés sur les côtés.

Le Zen traditionnel pratique la méditation en mouvement *kinhin* entre les longues séances de méditation assise, *zazen*. Elle soulage toute raideur due à la posture assise et charge en énergie. Vous pouvez cependant pratiquer *kinhin* en tant que méditation à part entière, soit dans la maison en tournant autour d'une pièce, soit à l'extérieur en marchant dans le jardin ou sur un chemin, là où vous pouvez être seul.

2 Commencez à marcher lentement le long de la route choisie lors de la préparation, soit dans la maison, soit à l'extérieur. Au début, faites un demi-pas sur chaque cycle de respiration (inspiration et expiration), d'abord le talon (demi-pas), puis la pointe du pied (demi-pas). Votre allure sera extrêmement lente. En marchant, concentrez-vous sur votre respiration. Les yeux sont abaissés et regardent droit devant. Ne regardez pas d'un côté sur l'autre.

3 Arrêtez. Mettez-vous à marcher normalement pendant quelques minutes. Continuez à vous concentrer sur votre respiration. Respirez normalement. Achevez votre méditation quand vous vous sentez prêt.

TRANSE DE LA DANSE

Vous pouvez réciter vos prières, mais vous pouvez aussi les danser. La danse vous aide à transcender le mental ordinaire et à accéder au divin. Essayez cette forme de méditation en dansant.

Avantages

- Aide à accéder aux deux hémisphères cérébraux
- Élimine la résistance au divin
- Aide à ancrer le corps et favorise le bien-être

Le mouvement devient ici pratique spirituelle. Il peut être très amusant et susciter l'émergence d'un flot d'autres émotions. Si vous finissez par rire ou par pleurer et avez envie d'arrêter, sachez qu'il est important de continuer à danser, quoi qu'il arrive. Dansez tous vos sentiments et observez ce qui émerge. Cette méditation se rapporte à la libération émotionnelle, physique et spirituelle. L'idée est de transcender la pensée linéaire habituelle de l'hémisphère gauche et d'accéder à la sagesse de votre corps en mouvement. Grâce à la danse et à l'affranchissement de la pensée, vous aboutirez à des réalisations sur la réalité auxquelles la vie ordinaire ne donne pas accès.

Méditation

Quand

Si vous avez l'impression d'être sur le point d'éclater de stress et d'émotions inexprimées, essayez cette méditation dansante pour comprendre ce qui se passe.

Préparation

Écoutez de la musique rythmée. Choisissez plusieurs CD qui vous plaisent.

Pratique

1 Trouvez un moment où vous pouvez être seul. Dansez pieds nus ou avec des chaussures confortables. Portez des vêtements très larges, qui n'entravent pas le mouvement. Retirez lunettes et montre. Dégagez l'espace où vous allez danser.

2 Mettez la musique aussi fort que possible. Commencez à danser et n'arrêtez pas pendant 30 minutes. Si vous voulez danser plus longtemps, faites-le.

3 En dansant, concentrez-vous sur la danse. Essayez de ne pas penser et dansez jusqu'à l'épuisement. Essayez de percevoir la connexion avec votre pouvoir supérieur. Si vous avez envie de pleurer, ne vous retenez pas.

4 Quand vous avez dansé autant que vous le pouvez, achevez la méditation.

DERVICHE TOURNEUR

Pratiquez la danse tourbillonnante des soufis pour entrer en contact avec le divin. Accompagnez votre tournoiement d'une musique qui vous met en transe et observez ce qui se passe, ainsi que les sentiments suscités.

Avantages

- Encourage l'abandon au divin
- Ouvre à la joie extatique
- Favorise un sentiment d'immersion dans la grâce de Dieu

Jalâl Al-Dîn Rûmî, né en Perse en 1207, est le plus célèbre des maîtres soufis, le plus connu en Occident pour sa superbe œuvre poétique mystique. Il avait commencé à pratiquer le tourbillonnement en tant que moyen de communiquer avec Dieu par chagrin, lors de la mort d'un de ses amis. Le but de la méditation tournoyante est d'induire une transe religieuse qui fait qu'à chaque fois que vous tournez, le visage de Dieu vous apparaît. Avec de la pratique et en vous concentrant sur votre main, vous arriverez à tournoyer pendant de longues heures sans être étourdi.

Méditation

Quand

Si vous êtes ouvert à une connexion extatique avec le divin, essayez la méditation en tournoyant.

Préparation

Pratiquez les yeux fermés. Essayez de tourner votre tête en même temps. Choisissez une musique instrumentale pour vous accompagner.

Pratique

1 Faites jouer le CD choisi. Tendez le bras droit devant votre corps, paume face au cœur. Tendez le bras gauche vers le ciel.

2 Fixez du regard la main qui est devant vous et commencer à tourner lentement dans le sens des aiguilles d'une montre. Si vous vous sentez mieux en tournant dans l'autre sens, inversez la position de vos mains. On dit que le tournoiement dans le sens contraire aux aiguilles d'une montre intériorise plus, alors que celui dans le sens des aiguilles d'une montre extériorise davantage.

3 Si vous commencez à vous sentir étourdi, asseyez-vous. Essayez de pivoter sur un talon, puis sur la pointe du pied, pour voir ce qui vous convient le mieux. Tournez la tête en pivotant.

4 Pour achever votre méditation tournoyante, ralentissez progressivement et arrêtez. Restez tranquille pendant quelques instants.

SALUT AU SOLEIL

Cette célèbre asana du yoga, *surya-namaskar*, vous fera bouger de bon matin. Pratiquez-la en tant que méditation dès que vous vous levez, pour générer le sentiment d'avoir un objectif et pour montrer de la gratitude.

Avantages

- Favorise le bien-être physique, mental et émotionnel
- Établit une intention supérieure pour la journée
- Encourage la gratitude et la responsabilité

Surya-namaskar, le Salut au Soleil, est une posture revigorante et énergisante. Essayez de la pratiquer en méditant, en vous concentrant sur ce que vous aimeriez accomplir au cours de la journée. En accueillant le Soleil, exprimez votre gratitude d'être vivant et d'avoir des occasions à saisir.

Méditation

Quand

Pratiquez le Salut au Soleil au petit matin.

Préparation

Lisez les indications et pratiquez chaque étape avant de pratiquer l'ensemble de la séquence.

Pratique

1 Restez debout, pieds écartés de la largeur des hanches, mains sur les côtés.

2 Inspirez et levez les bras au-dessus de la tête. Arquez en douceur le dos, sans forcer.

3 En expirant, penchez-vous en avant et posez vos mains entre vos pieds.

4 Inspirez et faites reculer la jambe gauche, tout en gardant vos mains sur le plancher.

5 Expirez et faites revenir la jambe gauche. Vous êtes maintenant dans une position haute, bras complètement tendus. Maintenez-la et inspirez.

6 Expirez et descendez. Seuls vos mains et pieds touchent le plancher.

7 Inspirez et étirez-vous en avant et vers le haut, en fléchissant la taille. Les bras relèvent le torse. Ne dépassez pas la limite de confort en vous penchant.

8 Expirez, relevez et poussez vos hanches en arrière et vers le haut. La tête descend entre vos jambes tendues.

9 Inspirez et avancez le pied droit.

10 Expirez, avancez le pied gauche et tirez la tête vers les genoux.

11 Inspirez, redressez-vous, bras toujours tendus au-dessus de la tête.

12 Expirez et abaissez les bras sur les côtés. Répétez la séquence, en reculant d'abord la jambe gauche.

NAGEZ VERS L'ILLUMINATION

Si vous nagez, pourquoi ne pas transformer vos mouvements en méditation ? Plongez avec cette belle visualisation dans la piscine et transformez en même temps votre corps et votre mental.

Avantages

- Transforme la nage ordinaire en pratique spirituelle

- Offre une puissante méditation pour surmonter les obstacles

- Aide à équilibrer le corps et le mental

Méditation

Quand

Essayez cette méditation en nageant.

Préparation

Notez par écrit ce qui est susceptible d'entraver votre avancée. Craignez-vous de vous exprimer ? Aimeriez-vous être plus organisé ? Voulez-vous pratiquer une voie spirituelle et vous vous sentez bloqué par ces doutes ?

Pratique

1 Choisissez un couloir libre dans la piscine et commencez à nager. Surveillez votre respiration pendant les quelques premières minutes.

2 Pensez aux obstacles que vous voulez surmonter. Voyez-vous bloqué dans une situation par une quelconque facette de votre personnalité.

La nage, comme la course de fond, est une activité athlétique qui débouche d'elle-même sur la méditation. C'est une pratique solitaire, n'importe combien d'autres gens sont dans la piscine. Elle est essentiellement rythmique, relaxante et introspective. Essayez de surveiller votre respiration en nageant ou de combiner d'autres méditations de ce Répertoire avec la nage. Si vous voulez écarter les obstacles de votre vie, essayez la visualisation suivante.

Par exemple, si vous craignez de vous exprimer au travail, imaginez-vous frustré et honteux parce que vous n'avez pas le courage de parler à votre patron.

3 Avec chaque mouvement, visualisez-vous affronter en face votre peur. Voyez-vous entrer dans le bureau du patron et lui parler avec confiance de vos idées brillantes.

4 Nagez aussi longtemps que vous le voulez, en tenant chaque mouvement pour un symbole de votre avancée dans l'élimination des obstacles – qu'ils soient mentaux, physiques ou spirituels.

COUP DE BALAI

Balayez le plancher si vous voulez avoir une maison propre. Transformez cette activité en méditation en mouvement pour éliminer les pensées, les émotions et les états d'esprit négatifs.

Avantages

- Transforme le ménage ordinaire en pratique spirituelle
- Offre une puissante visualisation pour éliminer la négativité
- Fortifie la décision spirituelle

Le balayage, activité physique dont on peut voir immédiatement les résultats, est l'une des activités domestiques les plus satisfaisantes. Il y a quelque chose de magique dans la disparition de la poussière et de la saleté. Passez l'aspirateur si nécessaire, bien que cette méditation soit mieux pratiquée avec un balai à l'ancienne.

Méditation

Quand

Quand vous devez faire le ménage, profitez de votre temps en pratiquant cette méditation.

Préparation

Pensez à toute négativité ancienne que vous aimeriez purifier ou à tout résidu mental à éliminer.

Pratique

1 Prenez votre balai et allez à l'endroit à nettoyer, dans la maison ou dehors. Le plancher de la cuisine ou du garage convient parfaitement, tout comme l'allée d'entrée ou les marches de la maison.

2 Examinez le plancher. La poussière peut être très épaisse ou presque invisible. Voyez-la comme la négativité demeurant dans votre mental et dans votre cœur. Imaginez qu'en balayant vous l'éliminez en même temps que la saleté. Si vous n'avez pas été gentil avec votre partenaire, si vous avez blessé un ami ou si vous avez trop bu dernièrement, ces actions sont représentées par la poussière .

3 Commencez à balayer. Concentrez-vous uniquement sur la saleté, le balai et le plancher. En balayant, sentez que la négativité quitte votre mental et votre cœur, tout comme le fait votre potentiel de commettre à l'avenir des actes négatifs, ainsi que vos doutes et vos peurs du présent. Soyez créatif et balayez tout ce qui vous tracasse.

4 Achevez votre méditation en jetant la saleté à la poubelle. Visualisez votre négativité l'accompagner.

TAPIS DE JOGGING

Si vous vous rendez dans une salle de gym, vous utilisez probablement le tapis de jogging pour des exercices d'aérobic. Au lieu de passer ce temps à écouter de la musique ou à regarder la télé, servez-vous-en pour la méditation.

Avantages

- Double le bénéfice de l'exercice

- Connecte le corps et le mental

- Inspire la pratique spirituelle

Il y a quelque chose dans le tapis de jogging qui ressemble beaucoup à la vie : on court longtemps sans arriver nulle part. Cependant, toute action peut être transformée par le mental et l'intention. Utilisez les exercices d'aérobic pour améliorer doublement votre santé cardio-vasculaire tout en travaillant avec votre mental. C'est une bonne façon d'empêcher ces exercices de se transformer en une autre activité frénétique dans une vie déjà trépidante.

Méditation

Quand

Essayez cette méditation si vous voulez rendre vos exercices mentalement et physiquement régénérants.

Pratique

1 Avant de monter sur le tapis de jogging, arrêtez-vous 1 minute et établissez votre intention de méditer. Commencez lentement et accélérez jusqu'à une vitesse à laquelle vous êtes capable de marcher ou de courir pendant 30 minutes. Réglez le minuteur. Couvrez l'écran d'une serviette pour ne pas être distrait.

Préparation

Allez à la salle de gym quand il y a peu de monde pour pouvoir rester sur le tapis de jogging aussi longtemps que vous le voulez.

2 Commencez à surveiller votre respiration. Comptez d'abord jusqu'à 10, puis recommencez. Essayez de ne pas laisser les pensées s'interposer. Si c'est le cas, revenez à votre respiration Quand vous avez envie, ne comptez plus et contentez-vous de surveiller votre respiration comme pour la méditation assise.

3 Si des émotions émergent, reconnaissez-les et revenez à votre respiration. Si vous éprouvez le stress sain de la course, notez-le et revenez à votre respiration.

4 Achevez votre méditation après 30 minutes. Notez toute différence entre cet exercice et vos exercices habituels.

AMOUR ET COMPASSION

MÉDITATIONS POUR L'AMOUR ET LA COMPASSION

Plus que tout, l'amour et la compassion élèvent le moral et transforment la vie. Ils diminuent la colère, la haine et la jalousie, tout en élargissant le cœur et le mental et en rendant la vie digne d'être vécue. En fin de compte, il n'y a rien de plus important que l'amour et la compassion.

Cette section commence par trois méditations sur une extraordinaire pratique bouddhique tibétaine appelée *tonglen*. Vous apprendrez à absorber la souffrance des autres et la vôtre à travers l'inspiration et à envoyer amour et joie sur l'expiration. C'est l'une des méditations les plus satisfaisantes et transformatrices de ce livre. Lors de la méditation "Payez de retour la gentillesse" vous apprenez à reconnaître la gentillesse sans bornes des autres, lors du "Pardon" vous dépassez les blessures anciennes et le ressentiment. Vous apprendrez ensuite une belle prière bouddhique, les "Quatre Incommensurables", qui enseigne la compassion pour les animaux à travers un merveilleux rituel de méditation, les "Êtres libres doués de sensation". L'amour est la réponse dans "Aimez-vous vous-même" et dans l'"Amour inconditionnel". Si vous avez des relations difficiles avec vos frères, essayez "Frères et sœurs".

Tout le monde souhaite la paix. "La Paix commence avec moi" vous aide à accomplir votre part. "Le *Chakra* du cœur" vous permet de travailler directement avec l'énergie de votre cœur. Essayez "Mères et pères" pour aimer davantage vos parents et leur pardonner, "Peur et amour" si l'amour vous effraye. "Élargissez votre cœur" aidera à dépasser les préjugés. Grâce à "Tous les êtres veulent être heureux" vous vous focaliserez sur l'amour, alors que lors de la méditation "Tous les êtres veulent éviter la souffrance", vous vous concentrez sur la compassion et comprenez leur lien.

L'équanimité est la base de l'amour et de la compassion. "Trois boîtes" vous aidera à comprendre pourquoi il est difficile de traiter tous les gens de la même manière. L'affection est simple, pourtant on n'en a jamais assez. Apprenez à la donner et à la recevoir grâce à "L'Affection". La prochaine fois que vous voyez un SDF, rentrez chez vous et tentez la méditation du même nom, qui vous aidera à faire preuve de compassion pour les gens qui souffrent en silence dans nos villes.

"L'Interconnexion" enseigne que tout est relié, principe important quand on en vient à l'amour. "Rendre service" permet de savoir quelle est la meilleure méthode pour aider les autres. "Amour et attachement" favorise l'identification de l'amour, "Amour sans limites" incite à se monter plus généreux avec son amour. Pour finir, "Le Vœu du *Bodhisattva*" montre une manière bouddhique d'intensifier l'amour et la compassion.

TONGLEN POUR VOUS-MÊME

Tonglen est une pratique bouddhique tibétaine de développement de la compassion. Dans le *tonglen*, vous recevez la souffrance des autres le cœur ouvert et leur offrez avec altruisme tout votre amour, joie et bien-être. Il vaut mieux pratiquer *tonglen* d'abord pour vous-même.

Avantages

- Conduit les difficultés et les maladies sur la voie spirituelle

- Aide à rester présent lors des situations difficiles

- Développe la compassion pour soi-même

Vous pratiquez cette méditation en observant les difficultés et la souffrance à travers l'inspiration et en émettant joie et amour sur l'expiration. Acceptez sur l'inspiration, laissez aller sur l'expiration. Inspirez vos propres émotions conflictuelles et votre karma négatif, expirez votre compassion et amour pour vous-même.

Méditation

Quand

Pratiquez *tonglen* pour vous-même quand vous avez des difficultés ou des problèmes avec la haine de soi chronique. Vous pouvez pratiquer cette méditation partout, à tout moment.

Préparation

Admettez toute difficulté que vous pouvez avoir.

Pratique

1 Asseyez-vous en posture de méditation sur un coussin ou une chaise, en un endroit tranquille. Vous pouvez pratiquer à tout endroit et à tout moment qui vous conviennent.

2 Concentrez-vous sur toute difficulté actuelle. Si vous êtes triste ou si vous êtes stressé à propos de l'argent, prenez pleinement conscience de ce problème.

3 En respirant, conduisez vos problèmes et difficultés dans votre cœur. Visualisez vos difficultés se dissoudre et être transformées. Voyez-les sortir sur votre expiration sous forme de bonheur et de joie, de luminosité et d'intrépidité.

4 Pratiquez *tonglen* avec l'espoir de guérir votre attitude et de retrouver votre intégrité. Continuez à expirer et à inspirer, libérant ainsi votre respiration aussi longtemps que vous le voulez.

TONGLEN POUR LES AUTRES

Après avoir pratiqué la méditation *tonglen* pour vous-même, apprenez grâce à cette méditation comment développer des sentiments de compassion pour les autres.

Avantages

- Aide à développer la compassion pour les autres
- Transforme les relations
- Développe la générosité et le non-attachement

Après avoir fait l'expérience de la compassion envers vous-même, élargissez votre amour et compassion à vos proches – vos parents, votre famille, vos enfants, vos amis. Peu à peu votre compassion arrivera à englober vos ennemis aussi bien que vos amis. Pour finir, étendez-la à tous les êtres du monde. Imaginez-les apaisés et guéris par votre amour. Il est préférable de commencer par vos proches.

Méditation

Quand

Pratiquez *tonglen* pour vos proches
quand vous réalisez leur souffrance.

Préparation

Pratiquez d'abord *tonglen* pour vous-
même, pour savoir à quoi ressemble la
compassion.

Pratique

1 Asseyez-vous en posture de méditation sur un coussin ou sur une chaise
ou pratiquez spontanément à tout moment et en tout lieu. Respirez pendant
quelques minutes pour apaiser votre
mental. Imaginez ensuite que vous pos-
sédez l'amour illimité et la compassion.

2 Pensez à un proche qui souffre d'une
maladie ou qui a des problèmes
existentiels. Visualisez-la devant vous.

3 Inspirez sa souffrance sous la forme
d'une fumée noire et rassemblez-la
dans votre cœur. Acceptez-la et extirpez-la
de cette personne. Quand elle atteint
votre cœur, imaginez-la dissoudre tout
égocentrisme. Expirez vers cette personne

l'amour, la joie et la compassion, sans rien
retenir.

4 Au début de cette pratique, vous aurez
probablement quelques difficultés à
vous visualiser en train d'accepter la
souffrance des autres et de leur offrir toute
votre joie et bonheur. Avec le temps, cela
changera. Vous découvrirez en vous une
richesse de ressources positives, plus
considérables que vous l'imaginiez. Ne
vous inquiétez pas – accepter ainsi les problèmes des autres ne vous nuira pas.

5 Continuez à accepter et à émettre
sur la respiration aussi longtemps
que vous le voulez. Mettez-y fin quand
vous serez prêt.

TONGLEN POUR LES ENVIRONNEMENTS NÉGATIFS

Tonglen peut aussi être pratiqué pour transformer les environnements négatifs. Où que vous soyez, si l'atmosphère est coléreuse, tendue ou oppressante, pratiquez *tonglen* pour écarter la négativité et offrir aux autres et à vous-même un espace sûr, compatissant.

Avantages

- Aide à transformer les environnements négatifs
- Créé des environnements positifs
- Génère un espace compatissant

Méditation

Quand

Pratiquez *tonglen* quand l'atmosphère ou environnement est oppressant ou négatif.

Préparation

Pratiquez "*Tonglen* pour vous-même" et "*Tonglen* pour les autres" avant de tenter cette méditation.

Pratique

1 Tenez-vous debout dans l'espace qui semble oppressant ou négatif. Centrez-vous en méditant sur votre respiration pendant quelques minutes. Instaurez une motivation compatissante – vous aimeriez soulager la négativité de cette pièce ou espace pour le bien de tous ceux que vous rencontrez là. Imaginez que vous ressentez dans la même

Vous connaissez l'expression, "l'ambiance est si tendue qu'on pourrait la couper au couteau". L'énergie négative peut "charger" et changer une pièce même après que les personnes ayant créé cette atmosphère sont parties. L'énergie négative résiduelle affecte votre bien-être et celui des autres.

mesure de l'amour et de la compassion pour tous les êtres.

2 Inspirez la négativité de la pièce sous la forme d'un nuage de fumée sombre et brûlante. Voyez-le pénétrer dans votre cœur, où il est transformé en air frais et pur. En expirant, faites-le rayonner en tant que paix et joie. Visualisez cette lumière brillante, pure, remplissant la pièce, créant un environnement affectueux, com-

patissant, apaisant pour tous ceux qui entrent là.

3 Continuez à respirer ainsi jusqu'à transformer l'énergie ou l'ambiance de la pièce, ou jusqu'à ce que vous soyez prêt à mettre fin à votre méditation. Ne vous inquiétez pas si vous ne percevez pas un changement spectaculaire. En méditant, vous rendez le monde plus compatissant pour tous ceux qui y vivent.

PAYEZ DE RETOUR LA GENTILLESSE

Méditation parfaite pour se rendre compte de la gentillesse de ses semblables. Aide à développer la compassion et atténue tout égocentrisme qui se faufile dans vos pensées ou dans votre comportement.

Avantages

- Révèle ce qu'on doit aux autres
- Développe la compassion
- Neutralise l'égocentrisme

Vous pouvez avoir l'impression d'avoir tout accompli dans la vie grâce à vos propres efforts. Il est facile de penser ainsi, puisque vous avez dû travailler dur pour faire des études, puis trouver un emploi, un partenaire et élever une famille. Cependant, rien n'est plus loin de la réalité. Vos efforts ont été très importants, mais vous avez été énormément aidé par d'innombrables individus tout au long de votre voie. Cette méditation vous permet de les identifier.

Méditation

Quand

Essayez cette méditation quand vous vous sentez seul.

Pratique

1 Asseyez-vous sur votre coussin ou chaise de méditation. Allumez une bougie en souvenir de tous ceux qui vous ont aidé au cours de votre vie.

2 Pensez à la liste établie pendant la préparation à la méditation. Commencez par votre mère et votre père, puis passez aux frères, tantes, oncles, grands parents, cousins, qui se sont occupés de vous d'une manière ou d'une autre. Pensez à vos professeurs, baby-sitters, dirigeants et amis. Pensez à votre premier emploi et à la personne qui vous a embauché. Prenez aussi en compte les agriculteurs qui ont produit les aliments que

Préparation

Établissez une liste de tous ceux qui ont pris soin de vous lorsque vous étiez enfant.

vous mangez et les magasins qui vous les ont vendus. Revenez à vos parents qui ont travaillé pour vous assurer abri, vêtements, nourriture, éducation, soins médicaux. Pensez à vos médecins et dentistes. Votre liste n'est que le sommet de l'iceberg.

3 Continuez à compléter votre liste. Générez un sentiment sincère de gratitude envers chaque personne qui vous a aidé dans votre vie. Réalisez que vous avez reçu tellement de gentillesse qu'il vous faudra toute une vie pour la payer de retour. Engagez-vous à le faire en générant de l'amour et de la compassion pour eux et pour tous les êtres.

PARDON

Rien de plus difficile ou de plus satisfaisant que le pardon. Une fois que vous avez effectué le travail émotionnel nécessaire pour traiter vos sentiments et laisser aller le besoin d'avoir toujours "raison", vous pouvez pardonner aux autres ou à vous-même.

Avantages

- Favorise la paix
- Encourage la compassion
- Diminue la réflexion rigide et inflexible

Cette méditation sur le pardon est ancrée dans le fait que vous et les autres êtes dans un état constant de changement. Quoi qu'on en pense, vous n'êtes pas la personne que vous étiez hier ou même il y a une minute, pas plus que ne l'est celle qui vous a blessé. Le pardon vous aide à vous débarrasser de la douleur et de la colère et ouvre votre cœur une fois de plus.

Méditation

Quand

Cette méditation aide à guérir la colère et la douleur d'une blessure infligée par les actions d'autrui.

Préparation

Il est important de percevoir tous vos sentiments à propos de l'événement qui vous a blessé avant de pouvoir commencer à guérir votre colère et votre douleur.

Pratique

1 Asseyez-vous sur un coussin ou sur une chaise dans votre espace de méditation. Si vous avez un autel, méditez sur votre pouvoir supérieur. Allumez une bougie et faites des offrandes simples, fleurs ou fruits. Demandez de l'aide pour pardonner la personne qui vous a fait du mal.

2 Rappelez-vous l'événement qui vous a blessé. Si votre première émotion était la colère, cherchez la blessure sous-jacente. À mesure que vous réfléchissez et réalisez ce qui s'est passé, essayez de ne pas diffamer l'autre personne. Contentez-vous d'admettre vos sentiments.

3 Pensez maintenant à l'autre personne. Globalement, celle-ci n'est pas uniquement ses actions et change sans cesse. Elle a agi ainsi en pensant être heureuse et éviter la souffrance. Ses motivations ne sont pas différentes des vôtres.

4 Pardonnez-la, en l'affirmant à haute voix. Souhaitez-lui d'être heureuse et exempte de souffrance. Ouvrez-vous à la possibilité de guérir votre relation dans le présent. Si c'est impossible, laissez aller votre colère et votre douleur, et refusez de porter encore ce lourd fardeau.

5 Remerciez votre pouvoir supérieur pour vous avoir aidé à voir l'image globale.

QUATRE INCOMMENSURABLES

Cette méditation est un merveilleux antidote aux infos du Journal de 20 heures. Vous souhaitez qu'un nombre incommensurable d'êtres fassent preuve d'un amour, d'une compassion d'une joie et d'une équanimité infinies.

Avantages

- Favorise l'amour et la compassion
- Inclut l'être lui-même dans ses intentions
- Encourage la croissance spirituelle

La méditation sur les "Quatre Incommensurables" est une pratique bouddhique tibétaine visant à éprouver plus de gentillesse et de compassion envers soi-même et les autres.

Pour cette méditation, mémorisez la prière suivante :

Puissent tous les êtres
connaître le bonheur
Puissent tous les êtres
se libérer de la souffrance
Puissent tous les êtres trouver la joie
qui n'a jamais connu la souffrance
Puissent tous les êtres se libérer de
l'attachement et de la haine.

Méditation

Quand

Méditez tous les jours sur les "Quatre Incommensurables"

Préparation

Mémorisez la brève prière ci-contre.

Pratique

1 Asseyez-vous sur un coussin ou sur une chaise dans votre espace de méditation. Méditez 5 minutes sur votre respiration.

2 Récitez à haute voix le début de la prière : "Puissent tous les êtres connaître le bonheur". Percevez votre intention : que tous les êtres, vous y compris, soient doués d'un amour inconditionnel. Acceptez-les (et vous-même) tels quels.

3 Passez à la seconde ligne et récitez-la à haute voix : "Puissent tous les êtres se libérer de la souffrance". Imaginez votre compassion infinie et souhaitez que tous les êtres soient libérés des souffrances en tous genres : par exemple, les cancers ou les problèmes suscités par les dépendances. Percevez le besoin pressant de les aider, eux et vous-même.

4 Récitez la cinquième ligne : "Puissent tous les êtres trouver la joie qui n'a jamais connu la souffrance". Imaginez que tous les êtres connaissent l'illumination, la suprême visée spirituelle du bouddhisme. Sentez la disparation de la dépression de tous, y compris de la vôtre. Imaginez que vous êtes tous dans un état de félicité, heureux, altruistes, illuminés.

5 Récitez la septième et la huitième lignes : "Puissent tous les êtres se libérer de l'attachement et de la haine." Imaginez que tous les êtres, vous y compris, ne font aucune distinction entre ami, ennemi, étranger, mais les tiennent, quels qu'ils soient, pour dignes d'amour et de compassion. Cette équanimité est la base des 3 premiers vœux – amour altruiste inconditionnel, compassion et joie pure.

ÊTRES LIBRES DOUÉS DE SENSATION

Cette pratique vous aide à générer plus de compassion pour tous les êtres doués de sensation, animaux, oiseaux, insectes, poissons. Pour empêcher qu'ils soient tués, vous les libérez grâce à cette méditation.

Avantages

- Favorise la sensibilité face au triste état des animaux et des autres êtres doués de sensation

- Encourage l'amour et la compassion

- Favorise l'action compatissante

Méditation

Quand

Essayez cette méditation une fois par an, comme un rituel.

Préparation

Trouvez un animal, un oiseau blessé, un poisson ou un insecte et relâchez-le dans son milieu naturel. Assurez-vous que cette action est faite dans l'intérêt de l'être relâché. De bons sujets pour cette action sont les vers ou les petits poissons compatibles avec votre environnement local.

Pratique

1 Portez votre animal, oiseau, poisson ou insecte à l'endroit où vous le relâcherez.

2 Restez debout ou asseyez-vous confortablement et concentrez-vous sur votre respiration pendant quelques minutes pour vous centrer.

Si vous aimez les animaux, cette méditation sera très agréable Si vous ne pensez pas souvent aux animaux, cette méditation vous aidera à devenir plus sensible à leur réalité. Pour le bouddhisme, ce "royaume animal" comprend tous les êtres animés autres qu'humains, pas seulement des animaux, comme ce terme le laisse normalement entendre.

3 Pensez un moment à tous les êtres du royaume animal qui souffrent. Visualisez les difficultés qu'ils rencontrent tous les jours. Souhaitez aux petits êtres que vous êtes sur le point de relâcher, ainsi qu'à tous les autres du royaume animal, d'être heureux et libérés de la souffrance. En formulant ce souhait sincère, relâchez-les.

AIMEZ-VOUS VOUS-MÊME

La haine de soi est répandue dans notre culture. Cette méditation vous aide à contrecarrer tout sentiment de ce genre, y compris la honte et le respect de soi amoindri.

Avantages

- Offre un antidote à la haine de soi

- Encourage l'examen personnel positif

- Aide au développement de l'amour et de la compassion pour les autres

Peu de choses de la vie enseignent à s'aimer soi-même. Vous vous admonestez, vous vous réprimandez et vous vous punissez en la personne que vous croyez "devoir" être. Vous risquez de passer votre vie en pensant que quelque chose ne fonctionne pas correctement en vous et en tentant de le réparer, ce qui est une forme de haine de soi. Il est essentiel d'aborder tout exercice d'auto-amélioration, y compris les méditations de ce livre, à partir de l'acceptation de soi.

Méditation

Quand

Essayez cette méditation quand vous devenez conscient de la présence d'une haine de soi.

Préparation

Surveillez votre propre discours pendant une journée et notez combien de ce que vous vous dites est négatif, comme "Je suis bête d'avoir oublié ce rapport" ou "Je déteste mes cuisses".

Pratique

1 Asseyez-vous sur un coussin ou sur une chaise dans un endroit tranquille. Visualisez votre pouvoir supérieur assis devant vous. Il peut être Jésus, Bouddha, Shakti, Mohammed ou juste une forme sage de vous-même.

2 Imaginez votre pouvoir supérieur vous sourire avec beaucoup d'amour et de compassion. Comprenez qu'il n'exige pas que vous "corrigiez" quoi que ce soit en vous afin de mériter son amour. Sachez qu'il vous accepte tel que vous êtes et traitez-vous, à son exemple, avec gentillesse et respect.

3 Remerciez votre pouvoir supérieur pour vous avoir rappelé d'être gentil avec vous-même. Dites-lui que grâce à son aide et à son encouragement, vous ne vous haïrez pas et vous vous efforcerez de vous accepter tel que vous êtes. Engagez-vous à tenter de vivre votre vie avec une acceptation et un amour total de vous-même.

AMOUR INCONDITIONNEL

Le plus souvent, notre amour est conditionné soit par le comporte-ment de nos proches conforme à nos désirs, soit par leur soutien aux objectifs que nous visons. Le meilleur amour est cependant un amour qui ne pose pas de conditions – nous aimons nos proches tels qu'ils sont, quoi qu'ils fassent.

Avantages

- Sublime l'amour ordinaire
- Libère pour qu'on puisse aimer tous les gens
- Favorise le développement spirituel

Le terme "inconditionnel" sonne bien, mais il est difficile à mettre en pratique. Cette médi-tation vous aidera à ouvrir votre cœur et à écarter les conditions que vous imposez par-fois à votre amour. Utile si vous avez des problèmes avec la co-dépendance ou si vous tentez de contrôler vos proches.

Méditation

Quand

Pratiquez cette méditation si vous rencontrez des problèmes de contrôle dans vos relations.

Préparation

Pensez à vos proches. Demandez-vous si votre amour pour eux comporte certaines conditions. Par exemple, pensez-vous que votre amour pour quelqu'un dépend de la façon dont celui-ci vous offre en retour son amour ? Réalisez que dans ce cas il s'agit d'un amour conditionnel limité.

Pratique

1 Asseyez-vous sur un coussin ou sur une chaise dans votre espace de méditation. Assurez-vous de ne pas être dérangé. Surveillez votre respiration et apaisez le corps et le mental.

2 Pensez à votre partenaire ou à un autre proche. Énumérez toute condition qui limite votre amour pour lui. Par exemple, vous constatez que vous l'aimez à condition qu'il gagne beaucoup d'argent, qu'il vous offre des fleurs pour marquer des événements particuliers, qu'il porte certains vêtements. Notez de quelle façon ces conditions, bien qu'en apparence pratiques et rationnelles, limitent vos sentiments. Cela n'a pas tellement l'air d'amour, mais plutôt des exigences.

3 Visualisez-vous accorder à la personne aimée une liberté totale pour être ce qu'elle désire être et faire ce qu'elle veut. Cela vous effraye-t-il, vous attriste-t-il ou change vos sentiments à son égard ? Pensez aux qualités que vous aimez chez cette personne : son énergie, son courage, sa capacité de réagir aux autres.

4 Imaginez que cette personne n'est pas avec vous ou qu'elle ne peut pas satisfaire vos besoins et que vous l'aimez quand même. Votre cœur s'élargit quand vous l'acceptez et l'aimez sincèrement, quoi qu'elle fasse ou non pour vous.

FRÈRES ET SŒURS

Toutes les religions vous incitent à aimer vos parents, mais beaucoup ne parlent pas des frères et des sœurs. Essayez cette méditation pour guérir vos relations fraternelles et favoriser davantage d'amour que vous vous portez.

Avantages

- Place l'accent sur les relations fraternelles
- Encourage l'amour et le respect
- Guérit les blessures anciennes

Vous pouvez considérer vos relations avec vos frères et sœurs comme allant de soi et négliger le degré auquel elles affectent votre vie. Les vieilles rivalités, conflits et blessures non guéries risquent de nuire à vos relations adultes. Vous devez parfois dépasser les habitudes obsolètes qui vous figent dans l'enfance et voir autrement votre famille actuelle.

Méditation

Quand

Excellente méditation à pratiquer avant un événement familial.

Préparation

Trouvez des photographies d'enfance de vous, de vos frères et de vos sœurs.

Pratique

1 Asseyez-vous sur un coussin ou une chaise dans votre espace de méditation. Placez les photos de vos frères et de vos sœurs sur votre autel. Allumez une bougie. Méditez sur votre respiration pendant quelques minutes. Faites appel à votre pouvoir supérieur et présentez-lui vos frères et vos sœurs.

2 Laissez émerger vos sentiments. Si nécessaire, demandez à votre pouvoir supérieur de vous aider à guérir vos relations ou qu'elles deviennent plus étroites et durent toute votre vie. Si vos relations se conforment à un modèle obsolète dont les racines plongent dans votre enfance, demandez la capacité de l'abandonner et de trouver un autre, plus mature.

3 Rappelez-vous les qualités de chacun de vos frères et sœurs. Demandez de pouvoir les accepter et les aimer tels qu'ils sont.

4 Achevez votre méditation en vous engageant à honorer et à respecter chacun de vos frères et de vos sœurs et à resserrer les relations que vous avez avec eux.

LA PAIX COMMENCE AVEC MOI

L'une des meilleures façons d'agir pour la paix est de la générer dans votre propre entourage – avec vos proches, vos amis, vos collègues de travail, vos voisins, les autres membres de la société.

Avantages

- Favorise la paix
- Encourage la responsabilité
- Favorise une meilleure communication entre personnes

La paix ne peut exister qu'entre individus à l'esprit paisible. Si vous désirez avoir ce genre de mental paisible, commencez par diminuer votre propre haine et violence en faisant appel à la patience et à la tolérance. Si vous êtes en colère à propos d'une action de votre conjoint et lui parlez durement, ou si vous criez après vos enfants et les frappez, vous pratiquez la haine et la violence. Cette méditation contribue à planter les graines de la paix dans votre cœur, afin que vous soyez une source de paix pour les autres.

Méditation

Quand

Si vous êtes consterné par la haine et la violence du monde, examinez vos pensées et vos actions. Décidez d'en extirper toute graine de haine et de violence. Vous commencerez ainsi à créer la paix dans le monde.

Préparation

Prenez quelques jours pour revoir soigneusement votre vie, en quête de signes de haine et de violence.

Pratique

1 Asseyez-vous sur un coussin ou sur une chaise dans votre espace de méditation. Allumez une bougie ou de l'encens pour vous calmer et vous centrer.

2 Souvenez-vous de toute circonstance de votre vie où vous avez fait preuve de haine ou de violence. Peut-être avez-vous parlé d'une personne de votre entourage d'une manière haineuse. Peut-être, égaré par la colère, avez-vous dit des choses blessantes à votre partenaire. Rappelez-vous toutes les occasions où vous vous êtes montré impitoyable au travail. Si vous avez frappé un enfant ou un animal dans un moment de colère, ne

minimisez pas la signification de ce geste. Si vous ne vous souvenez de rien de particulier, cherchez des états d'esprit plus subtils.

3 Pardonnez-vous pour toute action haineuse ou violente. Réalisez que vous pouvez contribuer à la paix du monde en faisant régner la paix en vous, dans votre entourage, parmi les membres de votre famille, parmi vos amis et collègues de travail. Engagez-vous à surveiller tout sentiment de haine et de violence. Souhaitez engendrer plus de patience et de tolérance dans votre vie quotidienne.

CHAKRA DU CŒUR

Les mondes hindouiste et bouddhiste considère le *chakra* du cœur comme étant le centre d'amour du système énergétique humain positionné au centre de la poitrine. Il fait partie des sept centres énergétiques situés le long de la colonne vertébrale.

Avantages

- Encourage l'amour inconditionnel
- Relâche la tristesse
- Ouvre le cœur

Méditation

Quand

Essayez cette méditation sur votre anniversaire.

Préparation

Essayez de trouver un schéma des *chakras* dans un livre traitant de ce sujet ou sur Internet.

Pratique

1 Asseyez-vous sur votre coussin ou chaise de médiation. Tenez-vous bien droit, poitrine ouverte.

2 Joignez les paumes et appuyez les jointures des pouces sur le sternum. Percevez la crête séparant les parties gauche et droite de la cage thoracique, au niveau du cœur. Concentrez-vous sur vos

Selon les traditions hindouiste et bouddhiste, vos *chakras* peuvent se bloquer suite à une perte, à la peur, à l'anxiété, à la tristesse, à la colère, au stress. Cette méditation guérit votre *chakra* du cœur, qui régit l'amour et la compassion.

pouces et essayez de percevoir les battements de votre cœur. Focalisez-vous là-dessus pendant 5 minutes.

3 Placez la paume droite sur le centre de votre poitrine et couvrez-la de la main gauche. Fermez les yeux et percevez l'énergie au centre de votre poitrine, sa chaleur. Visualisez-la comme une émeraude vert clair. Sentez-la rayonner à partir de votre cœur dans le reste de votre corps, puis revenir à son point de départ.

Faites durer cette visualisation tant que vous voulez.

4 Tournez vos paumes vers l'extérieur, en les éloignant de votre corps. Visualisez la lumière verte du *chakra* du cœur sortant de vos paumes et se répandant dans l'univers. Imaginez que cette lumière rassemble tout l'amour et la compassion de l'univers et les ramène dans votre *chakra* du cœur.

MÈRES ET PÈRES

Que vous ayez eu avec vos parents une relation merveilleuse ou difficile, cette méditation vous aidera à les aimer et à les apprécier.

Avantages

- Encourage à apprécier les parents
- Aide à guérir les vieilles blessures et les malentendus anciens
- Aide à entretenir avec eux une relation adulte

Sans l'amour de vos parents, vous n'existeriez pas dans cette vie. Ils vous ont mis au monde, vous ont offert abri, nourriture, vêtements. Vous pouvez avoir des griefs à leur propos, mais vous leur devez une gratitude sincère pour vous avoir offert la vie et l'occasion de grandir et de vous développer en tant qu'être humain.

Méditation

Quand

Essayez cette méditation en vous concentrant sur votre anniversaire.

Préparation

Trouvez de bonnes photos de votre mère et de votre père.

Pratique

1 Asseyez-vous sur un coussin ou sur une chaise dans votre espace de méditation. Placez les photos de votre mère et de votre père sur votre autel ou sur une petite table devant vous. Allumez une bougie et faites brûler de l'encens pour focaliser et clarifier votre mental. Si c'est votre anniversaire, la bougie marquera la célébration.

2 Méditez sur votre respiration en regardant les photos de vos parents. Eux et vous demeurez symboliquement dans cet space de façon paisible et affectueuse.

3 Pensez à vos parents comme à un couple jeune et amoureux. Regardez-les vous tenir, bébé. Indifféremment des erreurs qu'ils ont pu commettre en vous élevant, rappelez-vous qu'ils ont pris soin de vous quand vous étiez totalement dépendant. Générez une gratitude sincère pour leur attention et leur protection. Si vous avez été adopté, visualisez vos géniteurs tels que vous souhaiteriez qu'ils aient été.

4 Pensez sincèrement que vos parents ont fait de leur mieux en vous élevant. Visualisez laisser aller les parents de votre enfance. Regardez-les s'éloigner derrière vous. Regardez devant vous et apercevez les parents de votre âge adulte. Maintenant que vous êtes indépendant, imaginez que vous apprenez à les connaître d'une manière nouvelle.

5 Achevez votre méditation en souhaitant la joie et le bonheur pour vos parents et pour vous-même.

PEUR ET AMOUR

Vous aimeriez nouer une relation, mais craignez l'amour. Cette méditation vous aidera à dépasser vos peurs et à trouver le courage d'aimer.

Avantages

- Guérit les vieilles blessures qui bloquent
- Aide à prendre le risque de s'ouvrir aux autres
- Ouvre le cœur

Il se peut que les vieilles blessures aient figé votre cœur. Vous craignez de prendre le risque de vous rapprocher de quelqu'un par peur d'être blessé ou abandonné. Affrontez votre peur et guérissez vos blessures grâce à cette méditation sur le *chakra* du cœur.

Méditation

Quand

Essayez cette méditation quand vous voulez vous ouvrir à une nouvelle relation tout en la craignant.

Préparation

Rédigez trois pages sur les raisons de votre peur de l'amour.

Pratique

1 Asseyez-vous sur un coussin ou sur une chaise dans votre espace de méditation. Respirez profondément pendant quelques minutes pour éclaircir le mental et charger en énergie le corps. Concentrez-vous sur le *chakra* du cœur, situé sous le sternum.

2 Visualisez une lumière vert émeraude vous entourer. Inspirez-la et laissez-la remplir votre corps. Visualisez cette lumière curative pénétrant dans votre cœur. Laissez-la dissiper toute peur d'être utilisé, rejeté, manipulé, abandonné ou blessé.

3 Continuez à inspirer la lumière vert émeraude. Laissez aller toute peur d'être contrôlé, trahi, menti ou abusé. Ajoutez à la liste toute peur qui vous taraude. Visualisez toutes vos peurs s'évanouir. Voyez votre cœur se relaxer et s'élargir.

4 Rappelez une personne qui vous a blessé par le passé, un membre de la famille, un ami ou un ancien partenaire. Pardonnez-le et souhaitez-lui du bonheur.

5 Visualisez-vous fort et en accord avec vos besoins et vos instincts. Sachez que vous pouvez prendre de bonnes décisions et choisir les gens compatibles, gentils et dignes de votre amour. Affirmez que vous saurez quand quitter une relation, si c'est la chose à faire.

6 Placez les mains sur votre cœur. Laissez la belle lumière vert émeraude s'estomper et votre espace de méditation revenir à la normale.

ÉLARGISSEZ VOTRE CŒUR

Si vous avez des préjugés à l'égard d'un groupe pour sa race, sa religion, son statut social ou son sexe, cette méditation vous aidera à vous en débarrasser.

Avantages

- Offre un antidote contre les préjugés et l'intolérance
- Favorise l'équanimité
- Élargit le cœur pour qu'il puisse englober tous les êtres animés

Même si vous n'avez pas de préjugés évidents, vous pouvez en avoir d'autres, cachés ou inconscients. Votre désir d'examiner ce penchant éventuel est une étape importante de la guérison de soi et de la guérison du monde.

Méditation

Quand

Pratiquez cette méditation si vous notez que vous jugez une personne en raison de sa race, religion, sexe ou classe sociale.

Préparation

Remarquez si vous traitez les gens différemment en fonction de leur race, religion, sexe ou classe sociale.

Pratique

1 Asseyez-vous sur un coussin ou une chaise dans votre espace de méditation. Surveillez votre respiration pendant 5 minutes pour vous centrer.

2 Imaginez-vous face à un vendeur dans un magasin. Vous sentez-vous supérieur à cette personne ? Faites-vous des suppositions quant à son intelligence, son milieu familial ou ses capacités ?

3 Imaginez que vous êtes dans un bus ou un train. Une personne d'une autre race monte. Éprouvez-vous une quelconque réaction corporelle, attirance ou répulsion ? Faites-vous des suppositions quant à son intelligence, capacités ou moralité ?

4 Imaginez que vous voyez à la télé une personne d'une autre religion. Respectez-vous ses convictions ou pensez-vous qu'elles sont "erronées" ?

5 Imaginez que vous marchez au milieu de la foule. Avez-vous des sentiments négatifs à propos d'un sexe ou d'un autre, qui nuancent ce que vous pensez de ces personnes en tant qu'êtres humains ?

6 Achevez votre méditation en vous engageant à laisser aller tout préjugé ou pensée stéréotype.

TOUS LES ÊTRES VEULENT ÊTRE HEUREUX

Tous les êtres – humains, animaux, reptiles, poissons, oiseaux, insectes – veulent être heureux. C'est "la" chose que nous avons tous en commun. La méditation sur cette vérité vous aidera à mieux comprendre les motivations des autres, ainsi que les vôtres.

Avantages

- Aide à comprendre les motivations des autres

- Met en lumière les motivations de l'individu

- Génère l'amour et la compassion

Quand vous êtes fâché contre quelqu'un, vous pouvez penser que vous n'avez absolument rien en commun. Le comportement de cette personne peut sembler incompréhensible et son mode de réflexion faussé. Vous ne pourrez pas être plus différents l'un de l'autre, et pourtant vous êtes poussés par la même motivation. Reconnaître celle-ci vous aide à comprendre les autres et à guérir vos relations.

Méditation

Quand

Essayez cette méditation quand vous avez du mal à comprendre le point de vue d'une autre personne.

Pratique

1 Asseyez-vous sur un coussin ou une chaise dans votre espace de méditation. Pratiquez les 9 cycles de respiration (voir pages 58 et 59).

2 Pensez à une personne avec laquelle vous avez des difficultés, par exemple votre partenaire, un parent, un frère, un collègue de travail.

3 Rappelez-vous quelque chose qu'elle a dit ou a fait qui vous a semblé désobligeant. Décidez d'une motivation pour ses paroles ou actions. Si vous êtes furieux, vous pouvez conclure que cette personne est égoïste, manipulatrice et calculatrice. Ses motivations vous paraîtront probablement nuisibles pour les autres et même moralement douteuses.

Préparation

Rédigez un texte sur la manière dont vous désirez être heureux dans la vie.

4 Relisez ce que vous avez écrit lors de la préparation à propos du désir d'être heureux. Pensez à la personne avec laquelle vous avez des difficultés. Réalisez que, comme vous, elle essaye simplement de trouver le bonheur. Elle peut être en proie à des illusions, à la peur et à la colère, mais sa motivation est identique à la vôtre.

5 Laissez cette compréhension modérer votre vision de cette personne. Vous ne serez toujours pas d'accord avec elle, mais vous la comprenez un peu mieux. À partir de là, vous pouvez entamer la guérison de votre relation.

TOUS LES ÊTRES VEULENT ÉVITER LA SOUFFRANCE

Tous les êtres ont en commun le désir d'éviter la douleur et la souffrance. La méditation sur cette vérité vous aidera à mieux comprendre les motivations des autres, ainsi que les vôtres.

Avantages

- Aide à comprendre les motivations des autres

- Met en lumière les motivations personnelles

- Génère l'amour et la compassion

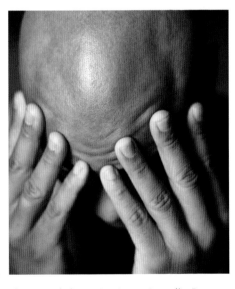

Cette méditation est très similaire à la précédente, sauf que cette fois-ci vous vous rappelez que chaque être désire éviter la souffrance. C'est la seconde partie de la motivation universelle. Les deux opèrent simultanément, mais il est préférable de méditer sur chacune séparément pour absorber pleinement leur signification.

Méditation

Quand

Essayez cette méditation quand vous avez du mal à comprendre le point de vue d'une autre personne.

Préparation

Pratiquez d'abord "Tous les êtres veulent être heureux". Écrivez quelles sont vos motivations pour éviter la souffrance. Par exemple, vous mangez bio pour diminuer le risque de cancer.

Pratique

1 Asseyez-vous sur un coussin ou une chaise dans votre espace de méditation. Pratiquez les 9 cycles de respiration (voir pages 58 et 59).

2 Pensez à la personne avec laquelle vous avez eu des difficultés lors de la méditation précédente.

3 Rappelez-vous quelque chose qu'elle a dit ou a fait et qui vous a semblé désobligeant. Déterminez sa motivation pour ses paroles ou actions. Si vous êtes en colère, vous pouvez conclure que cette personne est égoïste, manipulatrice et calculatrice. Ses motivations vous paraîtront probablement nuisibles pour les autres et même moralement douteuses.

4 Relisez ce que vous avez écrit lors de la préparation à propos du désir d'éviter la souffrance. Pensez à la personne avec laquelle vous avez des difficultés. Réalisez que, comme vous, elle essaye simplement d'éviter la souffrance. Elle peut être en proie aux illusions, à la peur et à la colère, mais sa motivation est identique à la vôtre.

5 Cette compréhension modère votre vision de la personne. Vous ne serez toujours pas d'accord avec elle, mais vous la comprenez un peu mieux. À partir de là, vous pouvez entamer la guérison de votre relation.

TROIS BOÎTES

L'équanimité est un sujet si important que nous avons inclus là une autre méditation. Combinez cette méditation avec les deux précédentes et découvrez pourquoi vous classez mentalement les gens en trois boîtes différentes.

Avantages

- Aide à comprendre pourquoi on classe les gens en catégories

- Révèle le problème sous-jacent de l'égocentrisme

- Aide la pratique de l'amour et de la compassion

L'équanimité est la base de l'amour et de la compassion. Elle considère que tous les gens méritant en égale mesure votre amour et votre compassion. Sans équanimité, vous risquez de vous retrouver à classer les gens en trois catégories – ceux qui vous attirent, ceux qui vous déplaisent et ceux qui vous sont indifférents. Limiter votre amour et votre compassion à ceux qui sont sur la "bonne" liste restreint votre liberté et votre joie.

Méditation

Quand

Excellente méditation à pratiquer tous les jours.

Préparation

Pensez à quelqu'un que vous trouvez très attirant, à quelqu'un qui vous répugne et à quelqu'un qui vous est indifférent.

Pratique

1 Préparez-vous à méditer dans votre espace de méditation. Surveillez votre respiration pendant quelques minutes pour calmer et clarifier votre mental.

2 Commencez en pensant à quelqu'un que vous trouvez très attirant. Le voyez-vous clairement ? Peut-être le placez-vous sur un piédestal ? L'aimeriez-vous autant s'il n'était pas aussi beau, malin ou drôle ?

3 Pensez ensuite à une personne qui vous répugne. Pratiquez un exercice similaire. Avez-vous une image globale de cette personne, ou en faites-vous uniquement une caricature bi-dimension-nelle ? Tout amour ou attention pour une personne dépend-elle du fait que vous la trouviez attirante ?

4 Pensez à un étranger qui vous laisse indifférent. Ne ressentez-vous rien envers lui parce que vous n'avez pas déterminé s'il vous sera ou non utile ? Découvrez ainsi l'égocentrisme inhérent au classement des gens en "trois boîtes".

5 Visualisez tous ces gens se tenant devant vous. Réalisez que tous les trois désirent être heureux et veulent éviter la souffrance. Imaginez ressentir de l'amour et de la compassion pour eux. Notez si ce sentiment est meilleur pour vous que le fait de les classer en bon, mauvais et indifférent.

AFFECTION

Visualisez donner et recevoir de l'affection, afin de pouvoir devenir bien plus affectueux dans tous les aspects de votre vie quotidienne. Le monde a besoin de votre tendresse.

Avantages

- Aide à donner et à recevoir l'affection

- Favorise l'amour et la compassion

- Rend la vie plus plaisante et satisfaisante

Si vous avez été blessé dans l'enfance, vous aurez peut-être du mal à donner ou à recevoir ne serait-ce qu'une simple étreinte. Vous aurez même des difficultés à exprimer en paroles votre affection, car les inhibitions vous bloqueront.

Méditation

Quand

Pratiquez cette méditation quand vous êtes prêt à laisser entrer plus d'affection dans votre vie.

Préparation

Rédigez un texte à propos de vos difficultés à donner et à recevoir l'affection. Viennent-elles de votre enfance ? L'affection n'était-elle pas exprimée dans votre famille ?

Pratique

1 Asseyez-vous sur un coussin ou sur une chaise dans votre espace de méditation ou trouvez un endroit tranquille au grand air.

2 Visualisez-vous serré dans les bras par une personne qui vous est proche. Cela vous semble agréable ? Dans le cas contraire, respirez profondément et détendez votre corps. Inspirez la réceptivité et la relaxation, expirez toute peur ou anxiété suscitée par l'idée de recevoir l'affection. Essayez de nouveau la visualisation. Répétez jusqu'à ce que vous soyez très à l'aise en recevant de l'affection physique.

3 Choisissez mentalement un ami qui vous tient à cœur mais abstenez-vous de le toucher. Imaginez exprimer votre intérêt par une étreinte affectueuse. Percevez toute émotion qui émerge lors de cette action. Si vous sentez de la peur ou de l'anxiété, si vous imaginez que la personne vous rejette, respirez profondément pendant quelques minutes, inspirant l'acceptation de soi et expirant la peur du rejet ou de toute autre gêne. Essayez de nouveau la visualisation. Répétez le processus jusqu'à vous sentir détendu et heureux de serrer dans vos bras une personne et d'être à votre tour entouré de ses bras.

4 Achevez votre méditation en expérimentant donner et recevoir de l'affection dans la vie quotidienne.

SANS DOMICILE FIXE

Il est facile d'oublier les sans domicile fixe, peut-être parce que vous ne voulez pas les voir ou les connaître vraiment. Ils font émerger la peur inconsciente de ne pas vous retrouver un jour dans leur situation. Cette méditation vous aidera à les reconnaître et à développer de la compassion pour eux.

Avantages

- Aide à faire face à un grave problème social
- Encourage à voir les sans domicile fixe en tant qu'individus
- Favorise la compassion

Les sans domicile fixe sont légion. Ils vivent dans les pays les plus prospères de l'Occident et dans les plus pauvres des pays du tiers-monde. Vous pouvez porter un jugement sur eux ou ressentir de la pitié, mais aucune de ces attitudes n'est compatissante.

Méditation

Quand

Méditez sur les sans domicile fixe lorsque vous désirez développer plus de compassion.

Préparation

Ne détournez pas le regard face à une personne sans domicile fixe et reconnaissez d'une façon ou d'une autre sa présence.

Pratique

1 Préparez-vous à méditer dans votre espace de méditation. Surveillez votre respiration pendant 5 minutes pour calmer et centrer votre mental.

2 Visualisez un SDF rencontré récemment dans la rue. Rappelez-vous tout sentiment négatif ressenti quand vous l'avez vu. Avez-vous pensé qu'il était coupable de sa situation ? Avez-vous détesté sa présence, ses vêtements sales, son odeur ? Avez-vous eu peur de lui ? Avez-vous éprouvé de la pitié ?

3 Imaginez que vous êtes cette personne. Visualisez le fait qu'autrefois vous aviez un travail. Quand vous avez été licencié, vous n'aviez ni économies, ni parents pour vous aider. Le stress vous a poussé à boire. Vous avez commencé à perdre le sens des réalités. Vous vous lavez dans les centres d'accueil. Vous mangez au Secours populaire. Vous avez honte quand les gens détournent le regard. Vous ne savez pas comment les choses se sont détériorées si vite. Vous êtes débordé et n'avez aucun espoir.

4 Voyez la personne sans domicile fixe comme un être humain qui souffre. Percevez sa souffrance. Si vous voulez montrer votre compassion, soyez bénévole dans un centre d'accueil ou adhérez à une association agissant pour le droit de tous au logement. La prochaine fois que vous voyez un SDF, regardez-le comme un individu qui mérite votre amour et votre compassion.

INTERCONNEXION

Vous êtes connecté à tout et à tous. La méditation sur ce fait important vous aidera à contrecarrer les sentiments d'éloignement, de solitude ou d'insignifiance et accroîtra votre sens de connexion affectueuse avec tous les êtres.

Avantages

- Offre un antidote au sentiment d'être à part
- Aide à sentir que la vie a un sens
- Favorise l'amour et la compassion

L'interconnexion n'est pas uniquement une idée spirituelle. La physique quantique affirme que chaque être est étroitement relié à toute la réalité. En fait, les physiciens ne peuvent observer les particules dont nous sommes faits qu'à travers leurs interactions avec d'autres systèmes. Vous pouvez vous sentir seul et distinct, mais vous ne l'êtes pas, soyez-en convaincu.

Méditation

Quand

Essayez cette méditation si vous vous sentez seul, débordé et troublé.

Préparation

Achetez une pomme au marché.

Pratique

1 Asseyez-vous sur un coussin ou sur une chaise dans votre espace de méditation. Amenez votre pomme. Surveillez votre respiration pendant quelques minutes pour calmer et apaiser votre mental.

2 Placez la pomme sur votre autel ou sur une petite table devant vous. Visualisez le pépin dont elle est sortie. Visualisez l'arboriculteur le plantant avec soin et fertilisant le sol. Les nuages passent, la pluie tombe. Pendant des années, l'arboriculteur s'occupe de l'arbre, qui sert aussi de demeure aux oiseaux et aux insectes. Un jour, il porte des fruits, ramassés par des ouvriers agricoles, qui emballent votre pomme dans un casier, en compagnie d'autres. La récolte arrive au marché de gros, où un grossiste l'achète, puis la vend à votre supermarché. Un vendeur la met en rayon. Vous arrivez et choisissez cette pomme pour votre méditation.

3 Visualisez le pommier et tous les gens et les équipements qui ont œuvré pour que cette pomme arrive jusqu'à vous. Élargissez cette méditation en y intégrant tous les aspects du processus, y compris les gens qui ont construit le véhicule qui a livré votre pomme. À tout moment, vous êtes connecté à un nombre infini d'êtres, sans lesquels vous ne pourriez pas exister. Vous êtes pris dans un réseau cosmique de création.

4 Achevez votre méditation en mangeant la pomme. Sentez votre connexion avec tous ceux qui ont rendu cette action possible.

RENDRE SERVICE

Notre vie a une visée autrement plus grande que le confort personnel et la réalisation personnelle. Cette méditation vous aidera à élargir le sens de votre vie au service rendu aux autres, ainsi qu'à vous-même.

Avantages

- Élargit la motivation de la vie
- Donne à la vie un sens plus profond
- Favorise l'amour et la compassion pour les autres

Vous désirez savoir comment vous pouvez rendre service à votre famille, à votre église, à votre communauté, à votre pays, au monde. L'amour et le service commencent à la maison. Apprenez à rendre un service altruiste à votre entourage immédiat. Essayez de rendre vos relations avec les amis et la famille plus gentilles et moins exigeantes.

Méditation

Quand

Pratiquez cette méditation si vous voulez aider les autres.

Préparation

Réfléchissez à la meilleure façon de servir votre famille et vos amis.

Pratique

1 Faites une longue promenade. Surveillez votre respiration pendant quelques pâtés de maisons.

2 Pensez à votre famille et à vos amis. Demandez-vous comment rendre service à chacun d'entre eux, comment les aider véritablement. Considérez chaque personne individuellement. Que pouvez-vous faire pour leur rendre la vie plus facile ? Ce peut être quelque chose d'infime, par exemple, garder les enfants de votre sœur une fois par mois pour qu'elle puisse sortir dîner et aller au cinéma. Ou être plus disponible pour votre mère qui a besoin de parler à quelqu'un depuis que votre père est décédé.

3 Pensez ensuite à vos propres besoins. Comment pouvez-vous aller vers les autres et prendre toujours soin de vous-même ? Focalisez-vous sur les autres de manière équilibrée et réaliste, en rapport avec ce que vous êtes capable de faire. Observez si ces décisions concernant les autres élèvent votre moral.

4 Achevez votre méditation quand vous avez atteint la fin de votre promenade.

AMOUR ET ATTACHEMENT

Comme vous l'avez appris lors de la méditation sur l'amour inconditionnel des pages 242 et 243, le vrai amour ne pose aucune condition au partenaire ni n'exige qu'il fasse quelque chose pour le gagner. Cette méditation explore le même thème sous un angle légèrement différent.

Avantages

- Met en lumière la différence entre amour et attachement
- Favorise le vrai amour
- Améliore les relations

Méditation

Quand

Excellente méditation quand vous tombez amoureux.

Préparation

Rédigez un texte sur la personne qui vient d'entrer dans votre vie, en notant les raisons pour lesquelles vous l'aimez.

Pratique

1 Asseyez-vous sur un coussin ou une chaise dans votre espace de méditation. Respirez profondément pendant quelques minutes. Allongez-vous sur le plancher dans une position confortable.

2 Imaginez que vous êtes couché sur l'herbe dans un parc. Tout d'un coup, un bel oiseau se pose près de vous. Il est superbe. Vous n'avez jamais vu un tel oiseau par le passé. Votre cœur se remplit de joie lorsque vous le regardez, tandis qu'il vous observe avec curiosité. Vous savez qu'il

Lors de cette méditation, vous distinguez le
véritable intérêt de la projection irréaliste. Il
est commun de confondre attirance sexuelle
et dépendance avec amour, de même que
fantasmer sur une personne, projeter sur elle
des qualités excessives et prendre cela pour
de l'amour. Dans ce cas, la personne que
vous aimez n'existe pas réellement et vous
constatez que vous êtes attaché à une
illusion.

aime aussi votre présence, car il reste longtemps
tout près. Vous vous sentez très lié à lui. Une
brise se lève soudainement et l'oiseau disparaît
dans le feuillage. Vous êtes content d'avoir eu la
chance de le rencontrer et vous êtes heureux de
savoir qu'il existe. Vous appréciez le moment
passé ensemble.

3 C'est là l'expérience de l'amour exempt
d'attachement. Essayez de la garder à
l'esprit en nouant une nouvelle relation.

AMOUR INFINI

Cette méditation est une parfaite addition à "l'Amour inconditionnel". L'amour n'impose pas de conditions, il peut être infini et englober le monde, pas seulement les personnes qui sont spéciales pour vous.

Avantages

- Élargit la capacité d'aimer
- Neutralise l'idée que l'amour est limité
- Favorise le développement spirituel

Vous pouvez supposer que l'amour que vous pouvez donner est en quantité limitée – quand vous atteignez le fond de votre provision d'amour, c'est fini. Par conséquent, vous risquez de vous retrouver à rationner votre amour, pour être sûr de l'offrir seulement à ceux qui sont les plus importants pour vous – partenaire, famille, meilleurs amis. C'est là une supposition erronée, puisque la nature de l'amour est infinie et illimitée.

Méditation

Quand

Essayez cette méditation quand vous pensez n'avoir qu'un amour limité.

Pratique

1 Asseyez-vous sur un coussin ou sur une chaise dans votre espace de méditation. Placez sur votre autel une image d'un être qui incarne pour vous l'amour infini. Ce peut être Dieu, Christ, Bouddha, Kouan Yin, la Vierge, votre maître, etc.. Passez quelques minutes à regarder l'image et à contempler la façon dont vous percevez l'amour de cette déité ou maître.

2 Imaginez élargir cet amour illimité à tous ceux que vous rencontrez. Visualisez votre cœur comme infini, éprouvez votre amour comme un puits sans fond qui sera toujours rempli d'eau. Visualisez votre amour couvrant

Préparation

Pensez à 10 personnes importantes pour vous et à la raison pour laquelle vous les aimez.

l'ensemble de la planète et tous les gens qui y vivent. Tous les êtres sont dignes de votre amour, indifféremment de qui ils sont. Percevez le rayonnement de l'amour en flot continu depuis votre cœur. En offrant l'amour, vous vous montrez brave, compatissant et infatigable.

3 Englobez-vous dans cet amour illimité, créant ainsi un cercle complet. Achevez votre méditation en plaçant les mains sur votre cœur et en remerciant la déité posée sur votre autel pour son amour et son inspiration.

LE VŒU DU BODHISATTVA

Pour le bouddhisme Mahâyâna, le *Bodhisattva* est l'individu qui a atteint l'illumination mais qui retarde son accession au nirvana par compassion pour les autres. Cette méditation fait connaître ce vœu.

Avantages

- Fait connaître le vœu du *Bodhisattva*

- Favorise une motivation supérieure de la vie

- Aide à développer la compassion pour soi-même et pour les autres

L'essence de la voie du bouddhisme Mahâyâna est le vœu du *Bodhisattva*. En faisant ce vœu, vous vous engagez à atteindre l'illumination de sorte à libérer tous les êtres de la souffrance. L'accent est mis sur la compassion et le service. Vous faites le vœu d'aider les autres tout en atteignant vous-même l'illumination à travers la pratique des Six Perfections (Six Vertus), la *pâramitâ*. Ces Six Perfections sont : générosité (don), observance des percepts, patience, l'effort pour s'éveiller et aider les autres, méditation et sagesse. Vous n'avez pas à être bouddhiste pour faire ce vœu de méditer sur les Six Perfections.

Méditation

Quand

Pratiquez cette méditation si vous voulez faire intégrer ces vertus dans votre vie.

Préparation

Mémorisez les Six Perfections.

Pratique

1 Asseyez-vous sur un coussin ou sur une chaise dans un endroit tranquille. Méditez sur votre respiration pendant 5 minutes pour calmer votre mental et vous préparer à méditer sur les Six Perfections.

2 Pensez aux moyens de vous montrer généreux avec vos biens matériels, par exemple donnez de l'argent aux associations caritatives. Efforcez-vous de rendre la vie plus sûre pour les gens et partagez généreusement votre savoir spirituel.

3 Contemplez l'observance des préceptes et le meilleur moyen d'éviter les actions malsaines, de vivre une vie morale et de travailler pour le bien des autres.

4 Réfléchissez à la patience et à la façon de tolérer la blessure et l'insulte sans vous fâcher, de supporter les épreuves courageusement et d'être patient lors du développement spirituel.

5 Considérez l'effort pour atteindre l'éveil sur votre voie spirituelle, entretenir votre intérêt à ce sujet et ne pas l'abandonner.

6 Contemplez la méditation et le contrôle de votre mental, le développement des qualités grâce à la pratique, ainsi que l'entretien d'un mental paisible.

7 Réfléchissez à la sagesse et au moyen de saisir la vraie nature de la réalité, de comprendre que tout ce que vous faites a des conséquences et que tout est interdépendant, de savoir ce qui aidera vraiment les autres.

RÉSOUDRE
LES PROBLÈMES

MÉDITATIONS POUR RÉSOUDRE LES PROBLÈMES

La méditation est un puissant outil pour résoudre les problèmes. Il favorise la focalisation sur ce qui vous tracasse, d'une manière dont est incapable la réflexion ordinaire. Quand vous sentez que la vie exige beaucoup de vous, méditez pour calmer votre anxiété. Continuez ensuite cette pratique pour affronter vos problèmes et découvrir des manières créatives et efficaces de les résoudre.

Beaucoup de gens ont remarqué qu'ils n'auraient jamais rencontré le grand amour si un désastre particulier ne s'était pas produit. Ou ils n'auraient jamais appris à apprécier pleinement la vie si une maladie grave n'était pas intervenue. Cette partie commence par "La Crise est une occasion", excellente méditation pour découvrir l'or caché sous les cendres des circonstances apparemment accablantes.

Si vous êtes au contrôle, vous n'êtes pas seul. Si vous avez du mal a vous gérer vous-même, les autres ou votre environnement, essayez "Vous pouvez laisser aller" pour comprendre de quelle façon la peur vous dirige. Parfois, vous aurez des problèmes présentant un défi moral et éthique. "Être sur la bonne voie" vous aide à rester fidèle à vos valeurs lors des situations difficiles, particulièrement lorsqu'une action juste risque d'avoir des conséquences négatives pour vous. Essayez "La Solution en marchant" pour que la méditation en mouvement vous aide à supporter vos tracas. Si vous êtes stressé par des questions financières – que vous avez de l'argent, que vous n'en ayez pas ou que vous en vouliez – pratiquez "Faites la paix avec l'argent". Si vous avez des dettes, essayez "Liquidez vos dettes" pour discipliner vos dépenses.

Le bourreau de travail était autrefois tenu pour un phénomène ; aujourd'hui, on s'attend à ce que vous travailliez de longues heures. Le "Bourreau de travail" aidera à vous interroger sur les causes de ce comportement et à équilibrer davantage votre vie. "Face au miroir" permettra de reconnaître vos problèmes, quels qu'ils soient. "Demandez de l'aide" facilitera l'obtention de l'aide dont vous avez besoin.

Voir le monde dans des couleurs sombres risque d'être un problème. La "Réflexion négative" vous permet de vaincre vos pensées autodestructrices. La dernière méditation, "Responsabilité", vous donnera la force d'assumer la responsabilité plénière de votre vie.

LA CRISE EST UNE OCCASION

Quand une crise se produit, vous avez le choix de la tenir soit pour un désastre, soit pour une occasion. Cette méditation vous aidera à vous concentrer plus positivement sur l'occasion.

Avantages

- Aide à développer une perspective positive
- Favorise la flexibilité et la créativité
- Atténue le stress durant une crise

Une crise peut être plus ou moins stressante. Peut-être avez-vous été licencié de manière inattendue un vendredi après-midi. Ou pire, votre maison a brûlé en entier. Votre première réaction sera probablement l'accablement, mais après que le choc est surmonté, vous pouvez choisir de voir les choses autrement.

Méditation

Quand

Cette méditation est utile en cas de crise.

Préparation

Rédigez trois pages sur ce qui vous est arrivé. Amenez votre texte à la séance de méditation.

Pratique

1 Asseyez-vous sur un coussin ou sur une chaise dans votre espace de méditation. Allumez une bougie et, si vous avez un autel, faites des offrandes de fleurs et d'encens à votre pouvoir supérieur. Méditez en surveillant votre respiration pendant 10 minutes. Quand vous vous sentez plus calme, passez à l'étape suivante.

2 Racontez à votre pouvoir supérieur ce qui vous est arrivé. Si vous avez envie de pleurer, ne vous retenez pas.

3 Demandez à votre pouvoir supérieur de vous aider à voir un quelconque aspect positif de cette crise. Asseyez-vous tranquillement et priez pour une vision élargie qui vous soutienne au cours de cette période difficile. Priez que votre cœur et votre mental soient ouverts pour saisir toute occasion offerte par cette crise.

4 Notez les occasions susceptibles de se présenter au milieu de ce désastre. Peut-être apprendrez-vous quelque chose de nouveau, trouverez-vous un meilleur emploi ou prendrez-vous un nouveau départ dans la vie. Si vous avez perdu tous vos biens, concentrez-vous sur la liberté plutôt que sur la perte. Même si c'est difficile et même si vous ne croyez pas réellement ce que vous écrivez, continuez. Vous semez ainsi la graine permettant de percevoir effectivement une occasion.

5 Achevez la méditation en remerciant votre pouvoir supérieur de son aide.

VOUS POUVEZ LAISSER ALLER

Avez-vous des problèmes de contrôle ? Quelqu'un vous a-t-il dit que vous êtes dominateur ? Cette méditation vous apprendra à laisser aller.

Avantages

- Rend la vie plus agréable pour soi et pour les autres
- Aide à comprendre que tout change
- Enseigne à laisser aller le désir de tout contrôler

Si vous êtes une personne dominatrice, il est important de dépasser vos symptômes – votre besoin de contrôler les actions de vos proches ou de ranger les revues sur la table basse – et de vous demander qu'est-ce qui vous effraie. La peur motive d'habitude le désir de contrôler les autres ou votre espace physique.

Méditation

Quand

Si vous avez entendu de nombreuses récriminations sur votre comportement dominateur, essayez cette méditation.

Préparation

Notez par écrit trois occasions où vous vous souvenez avoir ressenti de l'anxiété et le désir de contrôler le comportement de quelqu'un, même si cette action semblait justifiée au moment respectif.

Pratique

1 Asseyez-vous sur un coussin ou sur une chaise dans votre espace de méditation. Surveillez votre respiration pendant 5 minutes.

2 Choisissez l'un des événements de votre liste. Essayez de vous le rappeler en détail. Ressentez ce que vous ressentiez à l'époque. Peut-être que votre partenaire avait déplacé une chaise et ne l'avait pas remise à sa place en sortant de la pièce. Avez-vous éprouvé en premier de la colère ?

3 Demandez-vous pourquoi il est si important que les choses soient comme vous le voulez, alors que vous partagez la vie d'une autre personne. Si vous n'étiez pas en colère, ressentirez-vous de la peur ? Étiez-vous effrayé que quelque chose arrive de manière inattendue et vous laisse impuissant, seul, abandonné ? Essayiez-vous d'écarter la surprise et les blessures en tentant de contrôler votre environnement, les gens qui vous entourent et l'avenir ? Analysez la peur à l'arrière-plan de votre besoin de contrôle.

4 En cherchant la peur étayant le besoin de contrôler, engagez-vous à laisser aller peu à peu tous les jours. Relâchez votre prise sur les choses et notez que rien de terrible n'arrive. Soyez gentil et patient avec vous-même.

ÊTRE SUR LA BONNE VOIE

Si vous devez prendre une décision difficile, où "faire ce qu'il faut" risque d'avoir des conséquences négatives pour vous, le respect de vos principes moraux et éthiques s'avérera difficile. Cette méditation vous aidera à suivre la "bonne voie" si c'est ce que vous choisissez.

Avantages

- Aide à trier les principes moraux et éthiques

- Soutient lors de la prise d'une décision

- Encourage à choisir des valeurs basées sur la compassion

Méditation

Quand

Essayez cette méditation pour vivre en accord avec vos principes.

Préparation

Notez dans votre journal quelles sont vos principes.

Pratique

1 Asseyez-vous sur un coussin ou sur une chaise et méditez sur votre respiration pendant 5 minutes.

2 Pensez à la situation qui vous perturbe. S'il n'y avait pas des conséquences négatives, que feriez-vous ? Quelle action semblera la plus en accord avec vos valeurs ? Visualisez-vous parlant à ceux qui vous intéressent et agir de manière appropriée.

3 Visualisez la même situation, mais cette fois-ci pensez à toute conséquence négative si vous faites ce que vous pensez être juste. Imaginez

Un ami vous a-t-il confessé qu'il vole dans l'entrepôt où il travaille et qu'il en vend le produit de ses larcins ? Pensez-vous ne plus pouvoir travailler pour une entreprise parce que ses patrons transgressent les lois sur la protection de l'environnement, alors que vous avez désespérément besoin d'un emploi ? Voici deux situations typiques auxquelles sont confrontés d'innombrables individus tous les jours. La méditation peut vous aider à décider quoi faire.

comment vous vous sentiriez en perdant votre travail ou votre ami. Seriez-vous plus en paix avec vous-même si vous agissez conformément à la manière dont vous auriez aimé vivre votre vie ? L'action respectant vos principes serait-elle utile à certains et nuisible à d'autres ?

4 Parfois, il n'y a pas de réponses claires. La meilleure façon de savoir ce qui est meilleur est de prendre le temps de tester les décisions éthiques. Demandez à votre pouvoir supérieur de vous aider à prendre la décision la plus compatissante pour vous-même et tous ceux impliqués.

LA SOLUTION EN MARCHANT

Les problèmes difficiles bénéficient parfois d'une longue promenade pendant laquelle vous faites un choix parmi les solutions possibles. Cette méditation vous y aidera.

Avantages

- Le mouvement favorise la résolution des problèmes
- Aide à trier les sentiments
- Aide à ordonner les questions

Le mouvement physique est énergisant. La marche aide à déplacer l'énergie stagnante, induit une meilleure circulation, assouplit les articulations raides et favorise la réflexion créative. Si vous avez un problème à régler, essayez de faire une longue promenade pour focaliser votre mental et accroître le nombre de vos options.

Méditation

Quand

Si vous avez médité sur un problème sans en trouver de solution, essayez cette méditation.

Préparation

Habillez-vous de façon appropriée et mettez des chaussures confortables. Amenez de l'eau, si nécessaire. Décidez d'un trajet qui prendra environ 1 heure.

Pratique

1 Commencez par vous concentrer sur votre respiration pendant environ 5 minutes pour calmer votre mental et mettez-vous à marcher d'un pas régulier.

2 Pensez au problème qui vous semble insoluble. Imaginez que chaque étape vous rapproche davantage d'une solution. Concentrez-vous ensuite sur votre dilemme. Par exemple, si vous n'êtes pas certain d'avoir envie de reprendre vos études, imaginez pendant 5 à 10 minutes que vous avez pris la décision de retourner à l'école. Quelles sensations éprouvent votre corps et votre mental ?

3 Pendant les 5 ou 10 minutes suivantes, prenez la décision de ne pas reprendre vos études. Quelles sensations éprouvent votre corps et votre mental ?

4 Pour le reste de votre promenade, cherchez à faire apparaître une troisième solution, par exemple, de suivre un apprentissage. Ouvrez-vous à la surprise créative.

FAITES LA PAIX AVEC L'ARGENT

L'argent – le gagner, l'avoir, le désirer – est au cœur de la vie de la plupart des gens, source de grande anxiété. Cette méditation aide à faire la paix avec l'argent.

Avantages

- Aide à mettre l'argent en perspective
- Diminue l'anxiété à propos de l'argent
- Favorise une vision moins matérialiste de la vie

L'argent est devenu le principal moyen d'échange de notre société. L'argent détermine la valeur de notre temps, de nos biens, de notre travail. Collectivement, en tant que société, nous avons induit l'apparition de cette tendance de mesurer chaque aspect de la vie en termes d'argent. Toutefois, vos interactions et votre être valent bien plus que de l'argent. La méditation aide à vous libérer de cette vision limitative et matérialiste de la vie et vous aide à faire la paix avec l'argent.

Méditation

Quand

Essayez cette méditation si vous êtes obsédé par l'argent.

Pratique

1 Asseyez-vous sur un coussin ou sur une chaise dans votre espace de méditation, où vous ne serez pas dérangé. Respirez profondément pendant quelques minutes pour clarifier votre mental et relaxer votre corps.

2 Relisez ce que vous avez écrit lors de la préparation et mettez ce texte de côté. Analysez vos sentiments quand vous avez de l'argent. Vous sentez-vous plus réel et plus substantiel ? Avez-vous l'impression d'être plus solide que lorsque vous n'avez pas d'argent ?

3 Imaginez vos sentiments quand vous êtes désargenté. Vous sentez-vous diminué, rabaissé, médiocre ? Notez que vous ne devenez pas plus solide ou moins substantiel par rapport à votre situation

Préparation

Notez par écrit ce que l'argent représente pour vous et quel rôle il joue dans votre vie.

financière. Réfléchissez au fonctionnement de l'argent en tant que principe, qui vous fait vous sentir plus ou moins précieux.

4 Réfléchissez à quatre choses qui ne sont pas mesurables en termes d'argent : le regard tendre d'un partenaire, une merveilleuse conversation avec un ami, le rire de votre enfant, le caractère joueur de votre animal de compagnie.

5 Achevez votre méditation en affirmant que vous avez de la valeur, avec ou sans argent. Engagez-vous à méditer sur la signification de l'argent pour contrecarrer le message culturel du matérialisme. Appréciez les expériences précieuses que l'argent ne peut pas acheter.

LIQUIDEZ VOS DETTES

Le surendettement est en augmentation. L'habitude de vivre au-delà de vos moyens risque de vous faire plonger mentalement, physiquement et spirituellement. Cette méditation aide à trouver le courage de mettre un terme à vos dettes.

Avantages

- Aide à admettre l'état d'endettement

- Fortifie la décision de se débarrasser des dettes

- Favorise la prise de conscience quant aux effets négatifs des dettes

Le crédit étant simple à obtenir, c'est facile d'en faire appel à tout bout de champ. Si on désire quelque chose, on veut l'avoir immédiatement. Votre équilibre financier est de plus en plus précaire, vous jurez d'arrêter de dépenser, mais avant il vous faut encore une toute dernière chose. Et cela continue. Cette méditation vous aidera à affronter votre endettement et à trouver des solutions pour y mettre un terme.

Méditation

Quand

Si vous avez un problème d'endettement, pratiquez cette méditation toutes les semaines jusqu'au remboursement total.

Préparation

Réunissez toutes vos factures, pour la voiture, la maison, les courses, etc.

Pratique

1 Asseyez-vous sur un coussin ou sur une chaise dans votre espace de méditation. Allumez une bougie pour mieux vous concentrer. Placez-la sur votre autel si vous en avez un.

2 Rassemblez vos factures et additionnez-les. Annoncez à haute voix le montant de vos dettes : "Je dois [la somme]". Laissez ce fait résonner dans votre conscience. Comment vous sentez-vous en le disant à haute voix ? Si vous vous sentez paralysé, si vous avez peur, si vous êtes anxieux ou honteux, notez-le. Que ressent votre corps dans ce cas ? Éprouvez-vous un sentiment de tension, votre respiration est-elle gênée ?

3 Après avoir admis la somme de vos dettes, générez un sentiment de compassion pour vous-même et pour vos difficultés à contrôler vos dépenses. À partir de cet endroit de compassion, engagez-vous à liquider vos dettes, si longtemps que cela puisse exiger. Demandez l'aide de votre pouvoir supérieur pour contrôler vos dépenses et trouver le courage de consulter un professionnel, si nécessaire.

4 Achevez votre méditation en plaçant vos factures sur votre autel. Promettez à votre pouvoir supérieur d'arrêter de dépenser à crédit et de réduire les dettes tous les mois en remboursant peu à peu.

BOURREAU DE TRAVAIL

L'attitude "bourreau de travail" de jadis devient rapidement la norme pour les cadres. On s'attend à ce que vous travailliez de longues heures et que vous emportiez du travail chez vous si vous voulez être compétitif dans une entreprise. Cette méditation vous aide à trouver une meilleure alternative.

Avantages

- Met en question l'éthique de travail d'autrefois
- Favorise une vie équilibrée
- Aide à arrêter de se servir du travail comme prétexte pour éviter l'intimité

Si vous êtes cadre, vous gagnez probablement bien votre vie. Mais si on regarde de plus près, vous travaillez 80 heures par semaine, mangez au restaurant tous les soirs parce que vous êtes trop épuisé pour cuisiner et donnez vos vêtements au pressing, car vous n'avez pas le temps de faire tourner un lave-linge. Vous passez votre temps à recevoir des contacts d'affaires et voyagez au pied levé. Qu'est qui cloche dans cette image ?

Méditation

Quand

Essayez cette méditation si vous mettez en question votre mode de vie trépidant.

Préparation

Notez par écrit votre programme typique pendant une semaine.

Pratique

1 Asseyez-vous sur un coussin ou sur une chaise dans votre espace de méditation. Méditez en surveillant votre respiration pendant 5 minutes.

2 Regardez votre programme. Combien de temps avez-vous passé avec vos proches ou avec vos amis ? Avez-vous dormi huit heures par nuit ? Quand vous êtes-vous relaxé et quand vous êtes-vous amusé au cours de la semaine ? Mangez-vous bien, faites-vous de l'exercice ? Vous occupez-vous de votre vie spirituelle ? Votre programme chaotique vous sert-il à éviter l'intimité ? Combien d'argent gagnez-vous réellement par heure ?

3 Réfléchissez à vos objectifs à long terme. Que voulez-vous accomplir ?

Au moment de votre mort, penseriez-vous avoir bien vécu votre vie ?

4 Pensez aux qualités que vous aimeriez faire se manifester dans votre vie. Avez-vous envie de chaleur, d'amour, de distractions, de développement spirituel, de temps passé au grand air ? Comment votre vie actuelle vous aide-t-elle à obtenir le genre de vie désiré ?

5 Achevez votre méditation en affirmant ce qui est le plus important pour vous et en vous engageant à créer une vie plus équilibrée.

FACE AU MIROIR

Chacun a des difficultés et des problèmes qui subsistent au fil du temps. Vous n'êtes pas le seul. Le moment est venu d'affronter directement vos problèmes, avec courage et honnêteté.

Avantages

- Aide à dépasser le déni
- Encourage à faire face aux problèmes
- Favorise l'honnêteté et l'acceptation de soi

Voilà une méditation simple pour surmonter le déni de la réalité. Admettre que vous avez un problème est parfois difficile. Vous pouvez vous sentir gêné ou honteux, si bien que vous évitez d'y penser, espérant que le problème se réglera de lui-même. Vous souffrez d'un symptôme physique qui vous fait craindre un cancer, mais vous évitez de consulter un médecin pour être fixé, vous avez la fièvre acheteuse et commencez à perdre le contrôle, vous savez que vous êtes devenu obèse. Il est humain d'avoir des problèmes. L'important est de les affronter.

Méditation

Quand

Essayez cette méditation quand vous avez l'impression d'éviter vos problèmes.

Préparation

Trouvez un grand miroir et tenez-vous debout devant lui.

Pratique

1 Trouvez un moment où vous pouvez être seul. Mettez-vous devant le miroir de votre salle de bains ou devant un miroir en pied.

2 Regardez votre image. Dites-lui à haute voix trois choses que vous aimez à propos de vous-même : par exemple, que vous savez écouter, que vous êtes, très intelligent, que vous êtes un grand cuisinier. Aimez la personne qui vous retourne votre regard. Dites-lui que vous faites actuellement des efforts, mais il est important d'admettre que le problème vous empêche d'avancer.

3 Dites-vous à haute et intelligible voix quel est le problème que vous évitiez, par exemple : "Je suis trop gros et je dois perdre du poids pour ma santé et mon bien-être". Répétez 3 fois cette affirmation.

4 Engagez-vous à prendre des mesures pour régler votre problème dans l'espace des 24 prochaines heures. Énoncez vos plans à haute voix. Répétez-les 3 fois.

5 Achevez votre méditation en vous félicitant vous-même pour votre courage et votre honnêteté.

DEMANDEZ DE L'AIDE

Si vous avez un problème, demander de l'aide s'avère peut-être difficile. Vous préféreriez mourir qu'exposer votre problème à quelqu'un. Cette méditation permet de surmonter la honte, afin d'obtenir l'aide nécessaire.

Avantages

- Aide à obtenir l'assistance nécessaire
- Atténue la honte
- Offre soutien et encouragement

Actuellement, il y a plus de possibilités que par le passé d'obtenir de l'aide pour des problèmes psychologiques, spirituels, financiers ou de santé. De plus en plus de gens en font appel. Par exemple, la gêne liée autrefois à la consultation d'un psychothérapeute n'existe plus. Mais il se peut que vous ayez du mal à demander de l'aide pour une diversité de raisons – fierté, déni, peur.

Méditation

Quand

Si vous avez des difficultés que vous ne pouvez pas régler tout seul, sans cependant être capable de demander de l'aide, cette méditation est pour vous.

Préparation

Admettez que vous avez besoin d'aide pour régler vos problèmes.

Pratique

1 Asseyez-vous sur un coussin ou sur une chaise dans votre espace de méditation. Respirez profondément pendant quelques minutes. Visualisez votre pouvoir supérieur devant vous. Si vous ne croyez pas en un pouvoir supérieur, imaginez votre propre aspect sage assis devant vous.

2 Parlez-lui des difficultés rencontrées. Si vous combattez une dépendance, si vous avez besoin d'aide pour gérer votre colère, parlez-en. Visualisez votre pouvoir supérieur vous écouter avec compassion et sans porter de jugement.

3 Expliquez à votre pouvoir supérieur la raison de vos difficultés. Demandez

de l'aide. Admettez que vous en avez besoin pour surmonter vos problèmes et pour passer "le" coup de fil ou obtenir "l'entretien" déterminant. Imaginez-le très content de savoir que vous avez fini par admettre votre problème et avez eu la sagesse de comprendre que vous ne pourrez pas le régler tout seul. Visualisez votre pouvoir supérieur promettant de vous accompagner constamment.

4 Achevez votre méditation en vous engageant, ainsi que votre pouvoir supérieur, à demander de l'aide. Réalisez que c'est là un signe de votre courage et de votre intelligence.

RÉFLEXION NÉGATIVE

La pensée négative est l'un des problèmes les plus répandus et universels du genre humain. Si vous pensez négativement, réalisez-vous vraiment le pouvoir que cette habitude a sur votre vie ?

Avantages

- Met en évidence l'habitude de penser négativement

- Examine les raisons de la réflexion négative

- Favorise une vision plus positive de la vie

Méditation

Quand

Vous pratiquez cette méditation dans l'espace d'une journée complète.

Préparation

Réfléchissez aux manières dont vous vous montrez habituellement négatif dans les pensées et les paroles.

Pratique

1 Abstenez-vous pendant toute une journée de dire des choses négatives ou de penser négativement. Notez si vous avez envie de faire des commentaires négatifs ou sarcastiques ou si vous avez des pensées négatives à propos de quelqu'un ou de quelque chose. Lorsque celles-ci émergent, le degré de négativité de votre mental vous étonnera.

La manière dont vous réfléchissez détermine votre réalité. Si votre première tendance est de voir le monde en noir, vous allez vivre dans un monde obscur. Si vous avez l'habitude d'examiner ce qui va mal avec une personne, une idée ou une chose, le monde ne sera certes pas un endroit satisfaisant. Vous pouvez être persuadé que vous vous montrez réaliste, intelligent ou sagace, mais en fait vous êtes bloqué par une vision du monde faussée. La réflexion négative est mauvaise pour la santé, les relations et la vie spirituelle.

2 Soyez gentil avec vous-même et contentez-vous de noter la négativité. Ne vous punissez pas pour elle. Amusez-vous du degré auquel votre mental peut se montrer négatif. Utilisez cette méditation pour devenir plus positif dans vos pensées et paroles.

RESPONSABILITÉ

Il est facile de blâmer les autres pour vos problèmes. L'habitude de blâmer les autres, le climat, l'économie ou n'importe quoi pour vos propres actions est malhonnête et sape l'énergie.

Avantages

- Aide à devenir responsable de ses actions
- Encourage l'honnêteté
- Élimine l'habitude de blâmer autrui

Si vous vous amusez à blâmer autrui, vous ne ferez que vous blesser vous-même. Peut-être avez-vous peur de regarder votre comportement, d'être jugé ou d'échouer. Quand les choses vont mal, vous blâmez n'importe qui sauf vous-même. Quand vous ne vous sentez pas responsable de vos actions, vous vous privez de l'occasion d'apprendre et de grandir.

Méditation

Quand

Essayez cette méditation quand vous êtes d'humeur à blâmer les autres.

Préparation

Rappelez-vous un événement récent où vous avez été blâmé.

Pratique

1 Asseyez-vous sur un coussin ou sur une chaise dans votre espace de méditation. Méditez en surveillant votre respiration pendant 5 minutes.

2 Pensez à une situation ou à un projet qui a mal tourné à cause des actions de quelqu'un d'autre. Par exemple, vous avez fini une proposition importante dont la date limite était le lendemain, l'avez donnée à un assistant pour être envoyée pendant la nuit, mais il ne l'a pas fait. Quand votre patron est furieux, vous blâmez votre assistant. Comment vous sentez-vous ce faisant ?

3 Mais qu'en serait-il si vous étiez responsable de la rédaction de la proposition et de son envoi en temps et en heure ? Quelle sensation cela offre-t-il ? Vous sentez-vous plus chargé d'autorité ? Quand vous vous sentez totalement responsable, vous tirez des leçons de vos erreurs. La prochaine fois, vous rédigerez peut-être la proposition plus tôt et vérifierez qu'elle a été envoyée avec un jour d'avance.

4 Pensez à une situation similaire où vous avez blâmé quelqu'un pour votre échec. Reconsidérez la situation et assumez-en la responsabilité. Qu'avez-vous appris ? Quelle énergie avez-vous tiré de la responsabilité ?

FAIRE SE MANIFESTER VOS RÊVES

MÉDITATIONS POUR FAIRE SE MANIFESTER VOS RÊVES

Grâce à l'attention focalisée et à la visualisation, vous pouvez engager votre cœur et votre mental à créer la vie que vous voulez. En méditant sur ce que vous désirez voir se manifester, vous concentrez votre énergie et soutenez vos efforts. Grâce à la méditation, votre subconscient puissant est incité à traduire à la réalité vos rêves. Vous distinguez vos motivations. De cette façon, vous pouvez vous assurer que vos désirs bénéficient à tous, pas seulement à vous. La première méditation, "Pour le plus grand bien", exploite cet aspect.

Très souvent, les rêves d'enfance sont abandonnés à l'âge adulte. La méditation "Trésor enfoui" vous aide à découvrir ces rêves perdus. Si vous n'êtes pas content de ce que vous faites, le "Travail de l'âme" libérera celle-ci. L'endroit où vous vivez peut être aussi important pour votre bonheur que ce que vous faites. La méditation "L'Esprit du lieu" vous aide à explorer les endroits où vous vous épanouirez.

Tout le monde veut avoir dans sa vie cette personne à part, son âme-sœur, qu'on apprécie tellement et avec laquelle on est si profondément lié qu'on a l'impression de la connaître depuis toute une vie, souvent accompagnatrice dans le voyage spirituel. La méditation de "L'Âme-sœur" vous aidera à la trouver. Votre maison est une extension de vous-même et une demeure pour votre âme. "L'Esprit de la maison" vous aide à sacraliser votre espace de vie.

Si vous voulez faire se manifester vos rêves, vous devez parfois faire preuve de courage. "Sautez le pas" vous aidera à le trouver. Si vous remettez tout au lendemain, vos rêves sont probablement bloqués. "Tout remettre au lendemain" vous incite à méditer pour agir. Tous les jours, vous prenez de nombreuses décisions. Pourquoi ne pas en laisser la charge à votre moi supérieur grâce à la "Prise spirituelle de décision" ?

Si vous êtes un visuel, essayez de créer une "Carte des rêves" dans laquelle intégrer une image des rêves que vous aimeriez traduire à la réalité. "Faites le pas suivant" vous aide à reconnaître et à effectuer l'action juste pour faire se manifester votre rêve. "Trouvez le bonheur absolu" vous propose de laisser la joie guider chacune de vos décisions. Avant que vous puissiez faire se manifester vos rêves, vous devez vous débarrasser des obstacles. "Laissez aller votre passé" vous aidera à éliminer les fardeaux émotionnels obsolètes entravant votre chemin et bloquant vos rêves. Finalement, si vous préférez voyager dans un fauteuil, transformez-vous en véritable voyageur par la méditation du même nom.

POUR LE PLUS GRAND BIEN

Si vous avez un rêve – vous mettre à votre compte, bâtir une maison, écrire un livre – faites se manifester votre rêve, pas seulement pour vous-même, mais pour le plus grand bien de tous.

Avantages

- Diminue l'égoïsme
- Connecte avec tous les autres êtres
- Encourage la sagesse

Méditation

Quand

Essayez cette méditation si vous voulez commencer un projet ou faire se manifester un rêve.

Préparation

Notez ce que vous aimeriez faire se manifester : une relation, une affaire, une maison, tout ce dont vous avez envie.

Pratique

1 Asseyez-vous sur un coussin ou sur une chaise dans votre espace de méditation. Allumez une bougie et placez-la sur votre autel. Invitez votre pouvoir supérieur à se joindre à vous et vous guider dans votre effort de faire se manifester ce que vous désirez, si insignifiant puisse-t-il paraître.

2 Pensez à ce que vous voudriez faire se manifester. Demandez à votre pouvoir supérieur que cette chose, relation ou projet bénéficie à tous, vous y compris, qu'une motivation altruiste guide les décisions et les activités concernant le projet.

Quand vous faites se manifester vos rêves, vous les faites se manifester non seulement pour vous, mais pour toute la planète. Par exemple, si vous voulez lancer une entreprise pour gagner beaucoup d'argent, l'action peut ou non contribuer au plus grand bien de tous. Si vous voulez fabriquer quelque chose qui risque de nuire à l'environnement, réfléchissez plutôt deux fois qu'une à vos idées et imaginez plutôt créer une entreprise qui aidera tous les êtres, vous y compris. Grâce à une motivation compatissante, vous serez en harmonie avec les énergies de l'univers.

3 Imaginez que votre rêve s'est matérialisé. Si c'est une entreprise, voyez-vous dans votre bureau lors d'une réunion avec vos employés. Si vous voulez vous présenter aux élections, imaginez-vous en train de tenir un discours. Votre rêve réalisé correspond-il à vos idéaux et profite-t-il à tous ?

4 Si votre rêve profite au plus grand bien de tous et si vous voulez qu'il devienne réel, notez-le sur un papier, placé dans une boîte en argent sur votre autel. Demandez à votre pouvoir supérieur de soutenir sa matérialisation.

TRÉSOR ENFOUI

Quand vous étiez jeune, vous aviez probablement de nombreux rêves excitants. En vieillissant et en assumant plus de responsabilités, en vous mariant, en élevant des enfants et en travaillant pour payer les factures, vous les avez laissés de côté. Méditez sur ce trésor enfoui et voyez où il vous mène.

Avantages

- Reconnecte avec les rêves non réalisés

- Aide à tenir les rêves non réalisés pour un trésor

- Élargit la vision qu'on a de sa vie

Quand vous étiez un enfant, vouliez-vous être pompier, peintre, écrivain, peut-être alpiniste ? Quels rêves avez-vous laissé de côté au fil du temps ?

Méditation

Quand

Essayez cette méditation si vous voulez animer votre vie.

Préparation

Rédigez un texte sur les rêves et les intérêts que vous aviez en tant qu'enfant.

Pratique

1 Allongez-vous sur un tapis d'exercice sur le plancher. Placez sur vous une couverture, si nécessaire. Respirez profondément pendant quelques minutes et relaxez votre corps de la tête aux pieds.

2 Rappelez-vous ce que vous avez écrit en préparation pour cette méditation. Choisissez le rêve de votre enfance qui vous attire le plus. Aucune importance s'il est infantile ou impossible. Si vous vouliez être Superman ou Wonder Woman, très bien. Si vous vouliez être musicien ou élever des chevaux, ne rejetez pas ce rêve en pensant qu'il n'a rien à voir avec votre vie actuelle.

3 Visualisez être ou faire ce que vous désiriez dans l'enfance. Explorez les qualités de votre vie si vous aviez vécu votre rêve. Vouliez-vous être dehors, à secourir les gens, à vous occuper des animaux ? Ce rêve vous excite-t-il encore ?

4 Imaginez une façon de rendre réelle dans votre vie d'adulte au moins une partie de votre rêve. Par exemple, si vous vouliez élever des chevaux, allez faire du cheval ce week-end. Si vous désiriez être Wonder Woman, devenez bénévole pour les enfants dans le besoin. Si vous vouliez être musicien, commencez à prendre des leçons de piano.

5 Achevez votre méditation en vous engageant à charger votre vie en énergie en revivifiant vos passions d'enfance.

LE TRAVAIL DE L'ÂME

Qu'êtes-vous destiné à faire dans cette vie ? Quelle est votre contribution particulière ? Essayez de vous pencher un peu sur l'âme pour explorer ces questions très importantes.

Avantages

- Aide à se concentrer sur les questions importantes

- Aide à faire se manifester ce qui intéresse le plus dans la vie

- Encourage à exprimer le moi supérieur

Votre travail nourrit-il votre âme ? Si l'argent n'entrait pas en ligne de compte, comment passeriez-vous vos journées ? Quel travail vous ferait sauter du lit le matin, débordant d'enthousiasme à l'idée de commencer votre journée ?

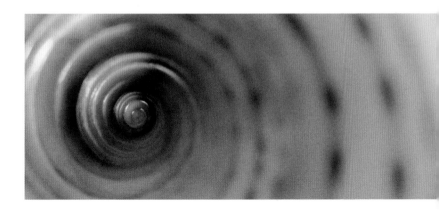

Méditation

Quand

Pratiquez cette méditation si vous êtes à un carrefour de votre vie et avez besoin de changer de direction.

Préparation

Réfléchissez à ce qui vous tient le plus à cœur et à ce qui vous stimule le plus et notez-les.

Pratique

1 Asseyez-vous sur un coussin ou sur une chaise dans votre espace de méditation. Allumez une bougie et de l'encens pour souligner l'importance de ce moment et la sacralité de votre vie. Méditez en surveillant votre respiration pendant quelques minutes pour calmer votre mental et relaxer votre corps.

2 Lisez à haute voix ce que vous avez écrit en préparation pour cette méditation : par exemple que vous vous intéressez le plus à votre famille, à la paix mondiale ou à l'environnement. La science fait-elle surgir une étincelle dans votre âme ? Percevez toute émotion qui monte. Êtes-vous excité, triste, en colère ? Vous êtes-vous laissé convaincre par la famille de renoncer à un emploi parce qu'il ne correspondait pas au prestige auquel elle pensait que vous devriez aspirer ? Passez-vous assez de temps avec vos proches ?

3 Réfléchissez à la façon dont vous vivez actuellement. Honore-t-elle ce que vous avez écrit ? Il n'est pas là question de faute, juste une prise de conscience. Savoir ce qui vous intéresse et ce qui vous stimule conduit sur la voie d'une vie plus satisfaisante.

L'ESPRIT DU LIEU

Êtes-vous heureux à l'endroit où vous vivez ? Une autre localité vous conviendrait-elle davantage ? Cette méditation vous aide à explorer le lieu le plus approprié pour vous – corps et esprit.

Avantages

- Aide à trouver le bon endroit pour vivre

- Encourage à prendre en compte le corps et l'âme

- Aide à apprécier la demeure actuelle

Aimez-vous l'océan, les montagnes, le désert ? Vous sentez-vous mieux dans une grande ville ou dans une petite ? À quel point votre communauté compte-t-elle pour votre bien-être ? Où rêviez-vous de vivre ? Êtes-vous heureux là où vous êtes ? Ces questions vous aideront à déterminer quel est le meilleur endroit pour planter vos racines.

Méditation

Quand

Essayez cette méditation si vous voulez vous sentir plus lié à l'endroit où vous vivez.

Préparation

Rédigez un texte sur l'endroit idéal pour vivre. Aucune importance s'il semble impossible ou peu pratique pour vous.

Pratique

1 Allongez-vous sur un tapis d'exercice sur le plancher. Mettez-vous à l'aise. Placez sur vous une couverture, si nécessaire. Respirez profondément pendant quelques minutes et relaxez tous vos muscles, depuis les pieds jusqu'au sommet de la tête.

2 Visualisez votre endroit idéal pour vivre. Décrivez la ville ou le village. S'agit-il d'une grande zone urbaine ou d'une petite ville ? S'agit-il de la zone rurale où vous vivez actuellement ou d'un autre endroit du monde ? De quoi a l'air l'immeuble ?

3 Décrivez le climat. Votre endroit idéal se trouve-t-il dans un climat chaud, tempéré, froid ? Imaginez-vous vêtu en fonction de cet endroit. Décrivez les gens qui y vivent. Sont-ils âgés, jeunes, progressistes, conservateurs, intellectuels, passionnés par le sport ?

4 Dans quel genre de maison vivez-vous ? Grande, petite, pittoresque, cousue, imposante, modeste ? Avec qui vivez-vous ? Quoi d'autre concernant cet endroit est important pour vous ? Pourquoi cet endroit nourrit-il votre corps et votre âme ?

5 Si vous vivez déjà à cet endroit idéal, soyez reconnaissant. Si vous avez envie de vous installer ailleurs, répétez cette méditation jusqu'à ce que vous trouviez le lieu convenant à votre esprit.

ÂME-SŒUR

Ce peut-être votre partenaire ou un ami, quelqu'un que vous aimez profondément, qui comprend et partage votre voyage spirituel.

Avantages

- Encourage à trouver l'âme-sœur
- Aide à devenir une âme-sœur pour quelqu'un
- Aide à reconnaître son âme-sœur quand on la rencontre

Une âme-sœur est une personne avec laquelle vous avez probablement cheminé pendant plusieurs vies sur la même voie de développement spirituel. Vous pouvez éprouver une grande attirance physique pour elle ou la tenir pour votre frère ou sœur. L'âme-sœur vous permet de réaliser que vous êtes des pèlerins sur le même chemin.

Méditation

Quand

Si vous voulez attirer une âme-sœur, pratiquez cette méditation pendant 30 jours.

Préparation

Rédigez votre autobiographie spirituelle pour mieux comprendre votre voyage spirituel. Décrivez vos convictions et votre développement spirituel depuis votre enfance à ce jour.

Pratique

1 Allongez-vous sur un tapis d'exercice sur le plancher. Mettez-vous à l'aise, Respirez profondément et relaxez-vous.

2 Pensez en revue les points essentiels de votre autobiographie spirituelle. Concentrez-vous sur l'avancée sur le chemin spirituel. Que pensez-vous à son propos ? Quel travail spirituel envisagez-vous maintenant et à l'avenir ?

3 Visualisez-vous rencontrer votre âme-sœur. S'agit-il d'un homme ou d'une femme ? Vous rencontrez-vous dans un café ou lors d'une soirée ? De quoi cette personne a-t-elle l'air et quelles sont ses qualités ? Est-elle sensible, intelligente, généreuse ?

4 Imaginez l'avoir connu depuis toujours. Comprenez que c'est une réunion plutôt qu'une nouvelle rencontre. Sachez que cette personne est votre partenaire spirituelle, engagée dans la même œuvre que vous. Vous vous soutenez réciproquement à mesure que vous réalisez votre destin spirituel. Vous avez là une amie à laquelle vous pouvez faire confiance, avec laquelle partager un véritable engagement spirituel, ainsi que de la tendresse et du dévouement.

5 Achevez votre méditation en demandant à votre pouvoir supérieur de vous aider à rencontrer rapidement votre âme-sœur.

L'ESPRIT DE LA MAISON

Votre demeure, qu'elle soit une maison ou un appartement en location, est un endroit spécial pour la réflexion, la méditation, le rituel et la cérémonie. Cette méditation vous aidera à créer un espace vivant, sanctuaire sacré pour votre âme.

Avantages

- Aide à créer un espace de vie nourrissant
- Encourage à honorer l'esprit
- Favorise la création d'un espace sacré

Vous voulez que votre demeure soit chaleureuse, énergisante, belle et sacrée. Il se peut qu'elle soit, au contraire, peu accueillante et chaotique, un véritable fouillis. Transformez-la en méditant sur la façon dont vous allez la changer.

Méditation

Quand

Essayez cette méditation si vous voulez transformer votre espace de vie pour qu'il reflète votre état spirituel.

Pratique

1 Après avoir observé votre maison, asseyez-vous sur un coussin ou sur une chaise dans votre espace de méditation. Fermez les yeux et respirez profondément pendant quelques minutes.

2 Si vous n'aimez pas l'aspect de votre maison ou les sensations qu'elle offre, imaginez-la telle que vous aimeriez qu'elle soit. Si vous avez créé un petit espace sacré pour la méditation, pensez à la façon de rendre sacré l'ensemble de la maison. Comment pouvez-vous la décorer pour le confort, la sérénité, la chaleur ou tout autre sentiment ? Comment votre espace honore-t-il votre esprit ? Comment pourriez-vous créer une demeure pour l'âme ?

Préparation

Promenez-vous dans votre espace de vie, passez d'une pièce à une autre. Déterminez les sensations suscitées par chaque pièce – physiques, mentales, émotionnelles et spirituelles.

3 Imaginez que vous êtes dans votre maison de l'esprit – à quoi ressemble-t-elle ? Quelle sensation offre-t-elle ? Quelles sont les différences avec votre habitation actuelle ? Comment entretient-elle votre âme ? Que devriez-vous faire pour transformer votre espace actuel ? Faut-il le peindre, rédisposer les meubles et l'éclairage, le nettoyer ?

4 Répétez cette méditation tous les jours pendant une semaine avant de procéder à des changements dans votre environnement. En entamant les changements, allez-y doucement et engagez votre corps, mental et esprit.

SAUTEZ LE PAS

Vous voulez faire se manifester vos rêves, mais la peur vous bloque. Essayez cette méditation pour faire le pas et traduire votre vision à la réalité.

Avantages

- Aide à identifier les peurs qui bloquent

- Fait passer la concentration de la peur sur la stimulation

- Encourage la prise de risque

Méditation

Quand

Essayez cette méditation si vous vous sentez prêt à faire se manifester un rêve, mais avez peur d'avancer.

Préparation

Décrivez par écrit ce que vous voulez voir se manifester dans votre vie et ce qui entrave votre avancée.

Pratique

1 Asseyez-vous sur un coussin ou sur une chaise dans votre espace de méditation. Méditez en surveillant votre respiration pendant 5 minutes.

2 Pensez à un rêve que vous aimeriez voir se matérialiser. Demandez-vous pourquoi vous n'avez pas agi dans ce sens. Explorez vos convictions à propos de vous-même et la

Vous avez été bloqué par des décisions conscientes et inconscientes prises à propos de ce que vous pouvez gérer sans danger, de ce que vous pouvez créer sur un plan pratique ou de ce que vous méritez réellement. Votre liberté de grandir et de faire se manifester vos rêves dépend de votre capacité à prendre en compte ces décisions, modes de pensée et images de soi limitatives.

manière dont elles bloquent votre chemin.

3 Par exemple, si vous avez toujours voulu faire de l'équitation mais craignez d'être blessé ou pensez que c'est trop extravagant pour votre mode de vie ou plus drôle que vous le méritiez, analysez ces convictions et opposez-leur les nouvelles. Dites-vous par exemple que des millions de gens montent à cheval sans être blessés, que c'est de

l'argent bien dépensé, pour une activité qui nourrit votre âme et, bien entendu, que vous méritez d'être heureux et de profiter de votre vie.

4 Achevez votre méditation en vous engageant à faire le premier pas pour traduire votre rêve à la réalité : passer un coup de fil, effectuer des recherches, s'inscrire à un cours ou démissionner. Soyez certain d'avancer dans votre avenir et votre bonheur.

TOUT REMETTRE AU LENDEMAIN

Vous ne pouvez pas faire se manifester vos rêves si vous remettez tout au lendemain. C'est là une très mauvaise habitude que vous devez surmonter avec un peu d'effort.

Avantages

- Expose la peur dissimulée derrière la remise au lendemain

- Aide à briser l'habitude de tout remettre au lendemain

- Aide à développer la discipline

Il est important que vous compreniez pourquoi vous procédez ainsi : par peur, parce que ce que vous planifiez ne correspond pas à ce que vous voulez vraiment, parce que vous n'êtes pas d'humeur à le faire, parce que vous vous sentez débordé. Cette méditation vous aidera à comprendre les raisons de ce sursis et à imaginer comment votre vie serait dans le cas contraire.

Méditation

Quand

Essayez-la pour briser cette mauvaise habitude.

Préparation

Notez par écrit trois raisons de remettre les choses au lendemain afin de comprendre la raison de cet atermoiement.

Pratique

1 Asseyez-vous sur un coussin ou sur une chaise dans votre espace de méditation. Lisez les trois raisons de vos retards. Par exemple, vous avez peur de tomber, vous êtes tellement désorganisé que vous êtes constamment débordé, vous attendez le dernier moment pour achever un projet, car seule la pression vous incite à avancer. Essayez de réfléchir aux vraies raisons de cet atermoiement plutôt qu'à des excuses.

2 Réfléchissez à chacune de ces trois raisons. Au premier abord, elles atténuent votre stress, mais à long terme elles sapent vos forces.

3 Visualisez comment serait la situation si vous n'hésitiez pas avant de commencer une tâche. Imaginez ce que vous pourriez accomplir dans le cas contraire. Voyez votre productivité et créativité s'élever. Percevez le sentiment d'accomplissement que vous éprouveriez si vous travailliez assidûment tous les jours, respectiez les dates limites et les responsabilités avec aisance et compétence.

4 Engagez-vous à réaliser les raisons de votre atermoiement et à les vaincre.

PRISE SPIRITUELLE DE DÉCISION

Faire se manifester vos rêves implique généralement la prise de nombreuses décisions. Cette méditation vous aidera à conférer une perspective spirituelle à vos réflexions.

Avantages

- Aide à prendre les meilleures décisions
- Encourage à exploiter le Moi supérieur
- Intègre le spirituel et le matériel

Les décisions peuvent être stressantes et difficiles, mais cette impression s'allégera si vous engagez votre pouvoir supérieur dans le processus. Élargir votre intention pour y inclure l'effet de cette décision sur votre âme et votre esprit aide à prendre des décisions justes pour vous et pour l'univers.

Méditation

Quand

Avant de vous mettre au lit, si vous devez prendre une décision importante.

Préparation

Mettez sur papier les questions impliquées dans la décision à prendre.

Pratique

1 Asseyez-vous sur un coussin ou sur une chaise dans votre espace de méditation. Allumez une bougie et invoquez la présence de votre pouvoir supérieur, quel qu'il soit. Demandez de l'aide pour la décision à laquelle vous allez réfléchir.

2 Pensez à la décision que vous devez prendre, par exemple, à propos de l'acceptation ou du refus d'un poste qui vous a été proposé.

3 Passez mentalement en revue les questions matérielles telles que salaire, statut, avancement de carrière. Demandez-vous ensuite comment cet emploi affectera votre esprit et votre âme. Par exemple, seriez-vous avec des gens positifs, qui travaillent bien en équipe ? L'environnement physique est-il sain ? Ce travail sera-

t-il plus stressant que celui que vous avez actuellement ? Comment affectera-t-il votre famille et votre vie sociale ? Est-il compatible avec vos convictions spirituelles, avec le sens et le but de votre vie ?

4 Demandez à votre pouvoir supérieur de vous aider à répondre à ces questions. Asseyez-vous tranquillement et continuez à réfléchir aux questions importantes concernant la prise de cette décision. Ne vous inquiétez pas si les réponses ne surgissent pas sur le champ.

5 Achevez votre méditation et dormez avant de prendre une décision. Laissez le pouvoir de votre inconscient commencer le travail sur les réponses. Cherchez plus de précisions en vous éveillant.

CARTE DES RÊVES

Créez une carte des rêves pour que ceux-ci se manifestent.
Méditez ensuite sur cette carte pour que vos rêves deviennent
réalité.

Avantages

- Encourage la visualisation des rêves
- Engage la créativité
- Concentre le mental sur la matérialisation des rêves

Visualisez d'abord vos rêves, puis essayez de les faire se manifester sur le plan physique. En créant une carte visuelle des choses que vous voulez faire, avoir et être, programmez ceux-ci dans votre inconscient. Si vous voyez quotidiennement vos rêves, vous n'oublierez pas de les traduire à la réalité. Il n'y a pas de règles quant à la façon de créer cette carte des rêves – les images doivent cependant avoir un sens pour vous.

Méditation

Quand

Créez une carte des rêves quand vous êtes prêt à agir sur vos rêves.

Préparation

Prenez une pile de vieux magazines. Il vous faut une feuille de papier de la taille de la carte envisagée, ainsi que des ciseaux et de la colle. Si vous voulez utiliser d'autres fournitures, rassemblez-les. Cherchez dans les magazines des images symbolisant ce que vous aimeriez voir se manifester dans votre vie.

Pratique

1 Trouvez un endroit tranquille où vous pouvez être seul. Disposez votre matériel sur une table ou sur le plancher.

2 Restez assis tranquillement pendant quelques minutes, respirez profondément et ouvrez votre cœur et votre mental à vos désirs les plus profonds. Demandez à votre pouvoir supérieur de vous aider à faire se manifester les rêves bénéfiques non seulement pour vous, mais pour l'ensemble de l'univers.

3 Si vous le voulez, divisez votre carte des rêves en secteurs : spirituel, physique, travail, relations, etc. Commencez à disposer et à coller des images qui vous rappelleront vos rêves. Dessinez, peignez, ajoutez tout ornement qui vous plaît.

4 Quand vous avez fini, demandez à votre pouvoir supérieur de vous aider à faire se manifester les rêves visualisés sur la carte. Placez celle-ci sur un mur où vous pourrez la voir tous les jours. Si vous voulez la garder pour vous, placez-la dans un tiroir mais sortez-la tous les jours, regardez-la et agissez pour que vos rêves deviennent réalité.

FAITES LE PAS SUIVANT

Faire se manifester vos rêves exige d'avoir un plan et d'accomplir une série d'actions. Cette méditation vous aidera à voir l'étape suivante de votre voyage.

Avantages

- Aide à rester sur la voie
- Encourage la prise réfléchie de décision
- Favorise la reconnaissance de l'étape suivante

Vos rêves se manifestent grâce à vos actions. Vous effectuez une série de tâches mentales, physiques ou spirituelles, qui finiront par créer la réalité désirée. Au début, la route vers vos rêves peut sembler intimidante. Cette méditation vous permettra de comprendre comment réaliser vos rêves.

Méditation

Quand

Essayez cette méditation quand vous voulez savoir quoi faire pour réaliser votre rêve.

Préparation

Il vous faut une grande feuille de papier et des marqueurs.

Pratique

1 Trouvez un endroit où vous ne serez pas dérangé. Asseyez-vous à une table, les outils de dessins devant vous.

2 Fermez les yeux et visualisez ce que vous aimeriez traduire à la réalité. Par exemple, si vous voulez ouvrir un restaurant végétarien, voyez-vous dedans, en train d'accueillir les clients.

3 Tracez un cercle au milieu de votre feuille de papier et inscrivez votre rêve dans son centre. Réfléchissez à toutes les tâches à accomplir pour réaliser votre rêve. Unissez le centre avec les autres cercles, chacun assigné à une tâche distincte. Connectez les "tâches secondaires" à ces cercles-là. Par exemple, si vous avez besoin d'une formation, inscrivez cela dans un cercle auquel seront reliées des tâches secondaires, comme obtenir une bourse et trouver un bon organisme de formation.

4 Notez toutes les tâches qui vous viennent à l'esprit pour traduire à la réalité votre rêve. Vous aboutissez ainsi à un schéma ressemblant à une fleur ou à un flocon de neige. Disposez les tâches par ordre de priorité.

5 Fermez de nouveau les yeux et visualisez-vous passant par toutes ces étapes. Pour finir, arrivez à la même visualisation effectuée avant d'entamer ce processus de réflexion.

TROUVEZ LE BONHEUR ABSOLU

Qu'est-ce qui vous fait vous sentir le plus vivant ? Qu'est-ce qui vous stimule plus que tout ? Cette méditation vous aidera à trouver le bonheur absolu en prenant des décisions quant à votre vie.

Avantages

- Aide à se focaliser sur ce qui est le plus stimulant
- Encourage la quête du bonheur
- Atténue la peur de vivre pleinement

Trouver le bonheur absolu signifie vous laisser guider par la véritable joie. C'est là plus qu'un simple bonheur ou la satisfaction d'un désir, c'est vivre votre nature unique et votre potentiel divin. Dans ce cas, vous laissez de côté toutes les règles dirigeant votre vie et cherchez votre authentique voie.

Méditation

Quand

Essayez cette méditation quand vous voulez davantage de la vie.

Préparation

Rappelez-vous des moments de véritable joie dans votre vie.

Pratique

1 Asseyez-vous sur un coussin ou sur une chaise dans votre espace de méditation. Méditez sur votre respiration pendant 5 minutes.

2 Rappelez-vous un moment de votre vie où vous avez éprouvé une véritable joie. Imaginez que vous revivez ce moment. Que ressentez-vous ? De quelle manière cette expérience est-elle différente de votre expérience ordinaire ?

3 Réfléchissez à l'idée que vous pouvez vivre votre vie de façon à toujours apprécier cette expérience. Comment arriverez-vous à prendre des décisions susceptibles de traduire cela à la réalité ? Par exemple, si vous détestez vraiment votre travail, pensez démissionner et à explorer ce qui vous mènera à la joie. Imaginez-vous vivre vos rêves, sans chercher la sécurité ou l'approbation des autres. Cette pensée est-elle effrayante ? excitante ? les deux ? Savez-vous que vous êtes vivant et connaissez-vous l'objectif pour l'accomplissement duquel vous êtes né ?

4 Même si cela semble impossible, imaginez vivre chaque moment dans la joie. Imaginez savourer chaque instant, indifféremment de ce qu'apporte la vie. Réfléchissez à cette possibilité et à ce que vous devez faire pour qu'elle survienne. Décidez des étapes à effectuer pour faire entrer davantage de joie dans votre vie.

5 Terminez en méditant sur votre respiration pendant quelques minutes.

LAISSEZ ALLER LE PASSÉ

Votre passé vous bloque et empêche vos rêves de se manifester. Essayez cette méditation pour laisser aller les fardeaux émotionnels et mentaux obsolètes.

Avantages

- Aide à identifier les idées obsolètes
- Aide à laisser aller le passé
- Encourage à avancer

Vous vous accrochez à la douleur du départ d'un amoureux, à l'humiliation de la perte d'un emploi, aux cicatrices d'une enfance loin d'avoir été idéale. Ces événements sont blessants, mais ils sont arrivés jadis. Entretenir le passé vivant – que ce soit sous forme de vieilles blessures, d'idées obsolètes ou d'habitudes inutiles – vous empêche de vous ouvrir aux nouvelles relations et occasions du présent.

Méditation

Quand

Essayez cette méditation si vous vous sentez bloqué dans un passé douloureux.

Préparation

Notez par écrit les incidents anciens qui suscitent encore de la douleur quand vous pensez à eux.

Pratique

1 Allongez-vous sur un tapis d'exercice sur le plancher. Placez sur vous une couverture légère, si nécessaire. Respirez profondément et relaxez-vous pendant quelques minutes.

2 Pensez à tout fardeau émotionnel de votre passé. Peut-être un partenaire vous a-t-il abandonnée pour votre meilleure amie. Si des années plus tard vous ressentez toujours des pincements de colère et d'humiliation, le moment est venu de laisser aller. Visualisez-les comme des vieilles valises déglinguées que vous traînez partout où vous allez. Quand votre partenaire est parti, vous aviez eu mal et aviez dû gérer votre douleur. Des années plus tard, ces vieux sentiments ne vous servent plus. Imaginez-vous jeter les valises et votre vieille douleur. Vous vous sentez bien plus léger, n'est-ce pas ?

3 Continuez à chercher dans vos souvenirs des fardeaux anciens – émotions, idées – qui ne vous servent plus. Visualisez-les comme des vieilles valises, certaines avec des poignées cassées, collées avec une bande adhésive. Remerciez-les pour les services rendus, mais faites-leur savoir que le moment est venu pour vous de les abandonner.

4 Visualisez-vous plus léger, libre et sans attaches. Respirez profondément et relaxez-vous pendant quelques minutes. Voyez votre avenir devant vous, plein de promesses et d'occasions à saisir.

VOYAGEUR

Avez-vous toujours désiré voyager, mais avez décidé de rester dans votre fauteuil et de voir le monde à travers les livres ? Cette méditation vous aidera à faire une réalité de votre désir de voyager.

Avantages

- Aide à se diriger vers son objectif

- Encourage à agir selon ses désirs

- Aide à voir que tout est possible

Avez-vous empilé de vieilles revues de voyage dans votre cave ? Il y a des chances que vous ayez une âme de voyageur. Mais si vos peurs vous bloquent, vos rêves ne seront pas réalisés.

Méditation

Quand

Essayez cette méditation si vous voulez voyager, sans jamais y parvenir.

Préparation

Notez par écrit tous les endroits que vous aimeriez visiter. Rangez-les selon leur importance pour vous.

Pratique

1 Allongez-vous sur un tapis d'exercice sur le plancher. Placez sur vous une couverture légère. Respirez profondément pendant quelques minutes et purifiez votre mental.

2 Regardez la première destination de votre liste. Revoyez les raisons pour lesquelles vous ne vous êtes jamais rendu là. Peut-être n'avez-vous pas eu assez d'argent ou de temps. Vous aviez peut-être de jeunes enfants. C'était peut-être au-delà de vos forces, un peu effrayant, plus que vous méritiez. Vérifiez si ces idées ne vous bloquent pas.

3 Visualisez-vous à l'endroit de votre rêve : Bombay, New York, Londres, la forêt amazonienne, une petite ville d'Irlande où est née votre grand-mère,

l'Afrique du Sud. Voyez-vous marcher dans une rue en regardant les gens et les lieux. Observez ce que vous portez et qui est avec vous. Percevez votre excitation et votre joie à l'idée d'être à l'endroit de votre rêve.

4 Engagez-vous à prendre des mesures pour que votre rêve se réalise. Par exemple, vérifiez les prix et lisez les brochures des agences de voyage. Essayez de trouver de moyens de profiter d'une réduction ou d'un billet gratuit. Vérifiez si vous pouvez échanger votre maison avec une famille d'un autre pays. Écartez activement les obstacles à votre rêve.

5 Achevez votre méditation en vous reposant tranquillement pendant quelques autres minutes.

SE CONNECTER
AU DIVIN

MÉDITATIONS POUR SE CONNECTER AU DIVIN

Cette dernière partie vous présente des méditations inspirées par une diversité de traditions spirituelles, tant orientales qu'occidentales, qui vous aideront à faire l'expérience du Sacré ou du Divin. Ces méditations vous font connaître ou approfondissent la notion que vous avez d'un pouvoir supérieur. Elles sont conçues pour stimuler votre imagination, pour élargir votre compréhension du divin et pour vous aider à contempler la signification du Sacré dans votre vie.

La première méditation, les "Quatre directions", vous fait connaître un rituel de création d'un environnement sacré. "La Femme araignée" puise dans la tradition amérindienne et enseigne l'emploi du mythe pour la méditation et le développement spirituel. "Amaterasu, la déesse du Soleil" du Japon vous aide à dépasser la blessure et à offrir vos talents au monde. Vous contemplez votre nature de Bouddha sous la forme d'une graine lors de la méditation du même nom. Si vous êtes catholique ou si vous vous intéressez au catholicisme, essayez "Le Rosaire" et apprenez à méditer sur cette belle série de prières.

Les quakers pratiquent l'attente silencieuse de la présence de Dieu. Rencontrez-les lors de la méditation "À la façon des quakers". La méditation de la "Piété" vous offrira l'expérience directe de l'amour divin, alors que la "Voie de la grâce" vous permettra d'accéder à la grâce divine dans la vie quotidienne. La Déesse porte d'innombrables noms, dont le "Divin féminin". "Jésus le Sauveur" vous aide à comprendre le chemin du Christ, "Les Quatre Nobles Vérités", la voie du Bouddha.

Apprenez à méditer sur la célèbre prière de saint François d'Assise en pratiquant la méditation du même nom. Si vous êtes attiré par le mysticisme juif, vous apprécierez la "Sagesse de la Kabbale" ; si c'est le mysticisme islamique qui vous intéresse, la "Voie soufie" est pour vous. Souvent, les voies spirituelles les plus difficiles exigent l'aide ou la direction d'un maître. Le "Maître spirituel" vous aidera à choisir le chemin le plus approprié.

Pour découvrir votre totem animal et votre esprit-guide, essayez la "Voie de la Wicca". "Se reconnecter au Divin" est une merveilleuse méditation pour revenir vers soi et vers le Sacré. la "Prière directe" et la "Prière indirecte" vous enseignent deux formes de méditation très puissantes. Si vous avez l'impression que votre pouvoir supérieur est absent, utilisez la "Présence divine" pour confirmer qu'il est bien là. la "Danse de Shiva" vous présente la compréhension hindouiste du sacré. Pour finir, "Dieu personnel contre réalité mystique" aide à méditer sur le sens du divin dans votre vie.

QUATRE DIRECTIONS

De nombreuses traditions spirituelles évoquent les quatre directions cardinales dans leurs prières et rituels. La méditation ci-après vous présente cette pratique.

Avantages

- Fait connaître un puissant outil spirituel
- Aide à s'ancrer physiquement et psychologiquement
- Aide à se connecter avec l'environnement

Les quatre directions cardinales sont le nord, le sud, l'est et l'ouest. Les traditions bouddhiques, amérindiennes, de la Wicca et bien d'autres, créent un cercle ou un environnement sacré en invoquant le centre et les quatre directions. Cette méditation particulière honore les directions et les cinq éléments de la tradition bouddhique tibétaine.

Méditation

Quand

Pratiquez cette méditation quand vous voulez vous ancrer dans votre environnement.

Préparation

Trouvez un endroit à l'extérieur où vous ne serez pas dérangé. Utilisez une boussole pour déterminer la direction.

Pratique

1 Localisez les directions cardinales avec la boussole. Tenez-vous debout, le dos droit. Prenez une respiration profonde. Visualisez-vous inspirer dans votre cœur. Expirez très lentement. Sentez votre cœur s'élargir et se remplir de chaleur lorsque vous prenez une autre inspiration profonde et expirez très lentement. Continuez à respirer ainsi pendant quelques minutes.

2 Tenez-vous debout face à l'est. Remerciez-le pour l'eau que vous buvez, avec laquelle vous cuisinez, dans laquelle vous vous baignez.

3 Tournez-vous face au sud. Remerciez-le pour la terre et la nourriture que vous consommez.

4 Tenez-vous face à l'ouest. Remerciez-le pour le feu et la chaleur qu'il fournit, ainsi que pour ses pouvoirs de transformation.

5 Tenez-vous face au nord et remerciez-le du fond du cœur pour l'air que vous respirez.

6 Ramenez votre concentration sur le centre où vous vous tenez. Remerciez-le pour l'environnement dans lequel vous vivez. Prenez un moment pour savourer l'état de gratitude que vous avez invoqué. Inspirez profondément dans votre cœur et expirez.

LA FEMME ARAIGNÉE

La Femme araignée est une divinité amérindienne. Cette belle méditation vous présente le pouvoir qu'a le mythe d'invoquer la compréhension spirituelle.

Avantages

- Présente la spiritualité amérindienne
- Aide à comprendre l'interconnexion
- Fait connaître le pouvoir du mythe

Bien avant l'apparition de l'univers, la Femme araignée, solitaire, s'est assise pour réfléchir et a eu une idée. Comme elle était tisserande, elle mit en marche son métier à tisser. À mesure qu'elle tissait, une étoile apparaissait à chaque fois qu'un fil en croisait un autre, si bien qu'en peu de temps des milliers d'étoiles naquirent.

Méditation

Quand

Essayez cette méditation pour explorer le mythe en vue d'une croissance spirituelle.

Préparation

Lisez le mythe de la Femme araignée.

Pratique

1 Asseyez-vous sur un coussin ou sur une chaise et méditez sur le mythe de la Femme araignée pendant 10 minutes.

2 Écrivez quelques lignes sur ce que le mythe vous a enseigné.

Chacune était liée aux autres de sa toile. Elle arrêta et la regarda, mais ce n'était pas tout à fait ce qu'elle désirait. Elle sélectionna une étoile entourée de planètes. Elle en choisit une, celle qui avait des océans bleu clair et des nuages blancs étincelants, et y installa son métier à tisser. Cette fois-ci, un être vivant apparaissait à chaque fois qu'un fil en croisait un autre. Elle tissa des plantes, des oiseaux, des poissons, des insectes, tous les animaux. Chacun de ces êtres animés était connecté à tout le reste de sa toile. Puis elle s'arrêta pour la regarder, mais il manquait toujours quelque chose.

Elle se remit à tisser, et cette fois-ci les êtres humains – hommes, femmes et enfants – apparurent au croisement des fils. Chaque être humain qu'elle tissa dans sa Grande Toile était lié à tout le reste, aux animaux, aux plantes, aux montagnes, aux mers et aux déserts, même aux étoiles lointaines. Chaque être humain – et en fait tout ce que la Femme araignée tissa dans sa Grande Toile – est interconnecté. La Femme araignée est contente et continue à tisser jusqu'à ce jour.

AMATERASU,
LA DÉESSE DU SOLEIL

Pour le shintoïsme, Amaterasu est la déesse du Soleil. La méditation sur elle aide à se remettre des mauvais traitements.

Amaterasu est née de l'œil gauche de l'être primordial Izanagi. Quand son frère Susanowo a abusé d'elle, elle s'est cachée dans la grotte du ciel et en a fermé l'entrée avec un énorme rocher.

Avantages

- Présente le shintoïsme japonais

- Aide à surmonter les blessures

- Incite à offrir ses talents au monde

Méditation

Quand

Quand vous vous sentez blessé et quand vous vous renfermez en vous.

Préparation

Lisez le mythe d'Amaterasu.

Pratique

1 Asseyez-vous sur un coussin ou sur une chaise dans votre espace de méditation. Méditez pendant 10 minutes sur le mythe d'Amaterasu et sur ce qu'il signifie pour vous.

2 Notez ce que vous avez appris.

Elle avait perdu sa confiance et sa capacité d'aimer. L'obscurité avait enveloppé le monde et les gens s'étaient blottis dans leurs maisons, apathiques et désespérés. Sans sa lumière, ils étaient incapables de voir leur propre force et avaient perdu la volonté de vivre. Par désespoir, certains dieux décidèrent d'attirer Amaterasu hors de sa grotte en organisant une fête.

Ils placèrent un grand miroir à l'entrée de la grotte et décorèrent les arbres. Uzume, déesse du rire, se mit à danser de manière extravagante, sur une musique bruyante. En entendant la musique et le rire, Amaterasu jeta un coup d'œil dehors pour voir ce qui se passait.

Quand elle vit dans le miroir son beau reflet, c'était comme si elle se voyait pour la première fois de sa vie. Elle retourna immédiatement dans son palais et jura de ne plus jamais se retirer de la vie. Elle demanda que des miroirs soient accrochés aux portails de ses temples, pour que tous ceux qui les passaient puissent se voir en détail. Les anciens racontent qu'après le retour d'Amaterasu le peuple du Japon et les dieux eux-mêmes vécurent avec une joie et un courage renouvelés.

NATURE DE BOUDDHA

Le bouddhisme enseigne que vous avez une nature de Bouddha. Autrement dit, vous avez la capacité d'atteindre l'illumination et de devenir à votre tour un Bouddha.

Avantages

- Présente le bouddhisme
- Encourage le développement spirituel
- Favorise la responsabilité de soi-même

Un Bouddha est une personne qui a développé toutes les qualités possibles et qui a éliminé toute négativité. Le Bouddha historique, Shakyamuni ou Gautama, vivait il y a quelque 2 500 ans en Inde. Toutefois, ce n'était pas le premier Bouddha, pas plus qu'il n'a été le dernier. Avant d'atteindre l'illumination, il était un être humain "ordinaire". L'illumination est souvent comparée à un éveil, car en l'atteignant, vous devenez omniscient, vous vous affranchissez de la négativité, incarnez la sagesse et la compassion. Comme un Bouddha, vous pouvez apporter une aide considérable aux autres.

Méditation

Quand

Si vous avez des sentiments négatifs envers vous-même ou de votre potentiel de développement spirituel.

Préparation

Si possible, lisez l'histoire de la vie du Bouddha historique, Shakyamuni.

Pratique

1 Asseyez-vous sur un coussin ou sur une chaise dans votre espace de méditation. Méditez sur votre respiration pendant 5 minutes.

2 Contemplez votre nature de Bouddha sous la forme d'une graine. Imaginez que vous commencez à "arroser" cette graine par la méditation sur la patience, l'amour, la compassion et d'autres sujets positifs. Imaginez que vous vous efforcez d'être une personne plus positive, plus aimante et plus compatissante. Vous avez maintenant "une nature de Bouddha en développement".

3 Voyez-vous éliminer lentement avec le temps vos habitudes négatives, en les remplaçant par d'autres, positives. Imaginez vos pensées et vos actions devenir de jour en jour plus positives. Imaginez comment ce serait de devenir un Bouddha, d'être illuminé.

4 Imaginez que vous n'avez plus aucune négativité et souffrance, mais une sagesse et une compassion parfaites. Visualisez-vous être capable d'aider tous les êtres. Asseyez-vous en silence et contemplez cette situation.

5 Engagez-vous à développer votre nature de Bouddha en multipliant vos vertus et en éliminant toute habitude négative.

LE ROSAIRE

Depuis le XIIe siècle, les catholiques récitent le rosaire ou utilisent un chapelet pour méditer. En récitant le "Notre Père" et le "Je vous salue Marie", méditez sur l'un des mystères de la liturgie.

Avantages

- Présente la pratique de méditation catholique
- Fait connaître les mystères catholiques
- Enseigne les prières catholiques

Le chapelet catholique est formé de cinq groupes de dix petits grains séparés par cinq grands grains. Le "Notre Père" est récité pour les grands grains, le "Je vous salue Marie" pour les petits. Pour chaque "dizaine" de grains, vous méditez sur l'un des "mystères".

Notre Père qui es aux cieux, que Ton nom soit sanctifié, que Ton règne vienne, que Ta volonté soit faite, sur la terre comme au ciel. Donne-nous aujourd'hui notre pain de ce jour. Pardonne-nous nos offenses comme nous pardonnons aussi à ceux qui nous ont offensé. Et ne nous soumets pas à la tentation, mais délivre-nous du Mal. Amen.

Je vous salue Marie, pleine de grâce, le Seigneur est avec toi. Bénie sois-tu entre les femmes et béni soit le fruit de tes entrailles, Jésus. Vierge Marie, mère de Dieu, prie pour nous, pauvres pécheurs, maintenant et à l'heure de notre mort. Amen.

Méditation

Quand

Il est conseillé de réciter le rosaire matin et soir.

Préparation

Empruntez ou achetez un rosaire catholique. Lisez et, si possible, mémorisez le "Notre Père" et le "Je vous salue Marie".

Pratique

1 Asseyez-vous sur un coussin ou sur une chaise dans votre espace de méditation. Si vous préférez, agenouillez-vous devant votre autel.

2 Commencez le rosaire et récitez un "Notre Père" quand vos doigts touchent un grand grain et un "Je vous salue Marie" quand ils touchent un petit grain.

3 En récitant le rosaire, méditez sur la vie et les mystères du Christ tels que vous les comprenez. Souvenez-vous de Marie et de la naissance du Christ, ainsi que de Noël tel qu'il est célébré par des joyeux mystères. Les mystères lumineux se concentrent sur la vie et les enseignements du Christ, imprégnés d'amour et de compassion. Les mystères tristes rappellent la crucifixion et la mort du Christ, symbole du sacrifice et de l'abandon à Dieu. En dernier, les mystères magnifiques célèbrent la résurrection et l'ascension au ciel du Christ.

À LA FAÇON DES QUAKERS

Au XVIIe siècle, George Fox a fondé le mouvement quaker en Angleterre. Les adeptes de ce mouvement se désignaient entre eux par le nom "Amis" ou "Amis de Jésus". Le nom "Quaker" ("trembleur") leur a été donné par les autres, car ils donnaient l'impression de trembler face à la parole de Dieu.

Avantages

- Présente la méditation des quakers
- Favorise la relation directe avec Dieu
- Encourage la constitution d'une communauté

Les quakers s'adonnent au culte à deux ou à plusieurs, en restant immobiles et en attendant attentivement en silence la présence de Dieu. Les Amis trouvent ainsi la paix d'esprit pour vivre en accord avec la volonté divine.

Méditation

Quand

Toutes les semaines, avec vos amis ou votre famille.

Préparation

Rassemblez des amis ou des membres de votre famille qui aimeraient méditer avec vous.

Pratique

1 Asseyez-vous face à vos amis, sur des chaises ou sur des coussins. Entrez ensemble dans un espace silencieux et attendez la présence et la volonté de Dieu. Laissez le silence éliminer toute pression ou anxiété éventuelle de la vie quotidienne. Essayez de vous accepter tel que vous êtes et de vous libérer de la peur, de la confusion et de l'égoïsme. Essayez d'être ouvert à Dieu, ainsi que l'un à l'autre. Soyez conscient qu'en écoutant et en attendant ainsi, vous avez l'intention de rencontrer directement Dieu.

2 Vous pouvez méditer ainsi en silence, mais si vous ou quelqu'un d'autre en a envie, exprimez à haute voix vos sentiments. Soyez ouvert et acceptez ce qui est dit. Par exemple, vous pouvez parler de la façon dont les enseignements de Jésus affectent votre vie ou parler d'une expérience personnelle. Essayez d'accepter les paroles des autres de manière positive et cherchez la vérité sous-jacente.

3 Contemplez ce qui est essentiel et éternel, de préférence à l'habituel. Si vous parlez, exprimez-vous simplement et avec respect. Cherchez la vérité en restant assis tranquillement et en attendant que votre cœur s'ouvre au message de Dieu.

4 Achevez votre méditation quand votre groupe se sent prêt.

PIÉTÉ

Beaucoup de traditions spirituelles s'appuient sur la piété en tant que voie de réalisation spirituelle. Utilisez cette méditation pour explorer la piété en tant qu'expérience de l'amour divin.

Avantages

- Présente la pratique de la piété
- Aide à intégrer la piété dans la voie spirituelle
- Charge en pouvoir en vue de la croissance spirituelle

La pratique de la piété en tant que voie spirituelle est un moyen de diriger l'expérience mystique. Être pieux signifie s'engager avec amour.

Méditation

Quand

Si vous avez l'impression que votre ego vous empêche de suivre une voie spirituelle, essayez de méditer sur la piété.

Préparation

Pensez à un moment de votre vie où vous avez ressenti de la piété.

Pratique

1 Asseyez-vous sur un coussin ou sur une chaise dans votre espace de méditation. Si vous avez un autel, apportez des offrandes de fleurs ou de nourriture à votre Dieu, maître ou pouvoir supérieur. Allumez une bougie ou de l'encens..

2 Méditez sur l'abandon de votre attachement aux idées futiles qui entravent votre voie spirituelle. Par exemple, si vous êtes obsédé par les vêtements et votre apparence, méditez sur le tort spirituel que cette attitude vous porte.

3 Immergez-vous dans l'amour altruiste pour le divin. Sur la voie de la piété, tout exprime l'amour de Dieu. Le stress, la douleur et l'anxiété naissent parce que vous ne vous tenez pas vous-même pour digne d'être aimé, pas plus que le monde.

Abandonnez l'effort douloureux que fait votre ego pour être reconnu et dominer, et laissez-vous aller à l'amour divin.

4 Imaginez que chaque inspiration est amour, et chaque expiration, compassion. Vous êtes une expression de l'amour de Dieu. Son amour vous traverse à chaque instant.

5 Pensez à former une relation avec un maître, quelle que soit la forme qu'il assume. Imaginez que vous êtes dévoué à ce maître et aux enseignements conférant le pouvoir de continuer sur la voie spirituelle.

6 Achevez, en méditant sur le moyen de pratiquer la piété sur votre voie spirituelle actuelle.

LA VOIE DE LA GRÂCE

La grâce est au cœur de la tradition chrétienne. C'est la grâce de Dieu qui permet le pardon et les nouveaux commencements. Cette méditation fait entrer la grâce de Dieu dans votre vie quotidienne.

Avantages

- Aide à se réjouir dans le pardon de Dieu
- Encourage à étendre la grâce à la vie personnelle
- Encourage l'espoir et l'endurance

Vous connaissez peut-être l'un des plus célèbres hymnes chrétiens, "Amazing Grace". John Newton, un marchand d'esclaves repenti, en a écrit les paroles en 1779. *"Amazing grâce! How sweet the sound that saved a wretch like me! I once was lost, but now am found, was blind, but now I see."* À travers le don de grâce et de pardon de Dieu, il avait vu l'erreur de son mode de vie et avait entamé une vie guidée par la sagesse divine. La grâce de Dieu transforme et guérit en même temps.

Méditation

Quand

Quand vous voulez changer de vie et vivre en accord avec la grâce de Dieu, telle que vous la comprenez.

Préparation

Notez de quelle façon vous avez été béni par la grâce de Dieu.

Pratique

1 Asseyez-vous sur un coussin ou sur une chaise dans votre espace de méditation. Allumez une bougie. Respirez profondément pendant quelques minutes pour centrer et calmer votre mental.

2 Contemplez le moyen de faire entrer la grâce dans votre vie. Comment pouvez-vous englober dans la grâce qui vous a été donnée votre famille, vos amis, votre communauté ? Dans ce monde où tout est poussé à ses limites et où les gens sont émotionnellement, financièrement et physiquement stressés, il est important d'alléger la pression et de créer un espace permettant à la grâce de se montrer. De quelle manière pouvez-vous reconnaître vos priorités en vue de satisfaire les besoins de tendresse et de grâce de vos proches ?

3 Décidez de trois possibilités de suivre le chemin de la grâce. Par exemple, invitez au dîner un ami avec lequel vous avez eu une dispute, demandez à votre partenaire comment vous pouvez être meilleur pour lui, aidez les personnes âgées de votre communauté.

4 Achevez votre méditation en composant une prière à Dieu, en remerciement de toutes Ses bénédictions.

LE DIVIN FÉMININ

Le Divin féminin est un archétype qui charge en pouvoir tant les hommes que les femmes. Méditer sur lui aide à honorer tout ce qui est féminin en vous et en vos semblables.

Avantages

- Présente la Mère divine
- Aide à honorer le féminin en soi et en ses semblables
- Favorise le respect pour les femmes

La Déesse a d'innombrables noms : Tara, Sofia, Artémis, Athéna, Cerridwen, Cérès, Marie, Hestia, Héra, Psyché, Perséphone, Isis, Aphrodite, Oshun, Oya, Madone noire, Guadalupe, Femme araignée, Femme buffle blanc. La liste est sans fin. Cette méditation vous fait connaître le Divin féminin en tant qu'objet de méditation.

Méditation

Quand

Essayez cette méditation si vous vous sentez déprimé et dépendant.

Préparation

Étudiez la Déesse sous ses nombreuses formes.

Pratique

1 Trouvez un endroit tranquille à l'extérieur. Fermez les yeux et respirez profondément pendant quelques minutes.

2 Imaginez-vous marcher sur un chemin conduisant dans la forêt. Vous arrivez à un bel sanctuaire. Vous poussez lentement sa porte et entrez. Sur un autel est posée la statue de la Déesse. Elle n'appartient à aucune religion en particulier, elle est la Mère, Dieu en tant que femme, le Divin féminin.

3 Lorsque vous vous agenouillez devant elle, la Déesse se met à vous parler du féminin sacré et de la façon de l'honorer dans votre vie. Elle met l'accent sur l'importance de vivre dans le moment présent, sur la sacralité de votre corps et sur le fait que votre être compte davantage que votre personnalité. Le processus, dit-elle, est plus capital que le produit. Toute matière est sacrée et toute matière est énergie. Que vous soyez un homme ou une femme, votre âme est féminine – c'est le réceptacle du divin. La vie, la mort et la renaissance forment le cycle naturel de l'existence.

4 Contemplez ce qu'elle vous a enseigné aussi longtemps que vous le voulez.

5 Achevez votre méditation en la remerciant pour sa sagesse. Quittez le sanctuaire et la forêt et revenez à l'endroit choisi pour la méditation.

JÉSUS LE SAUVEUR

Le message de Jésus parle de sacrifice et de salut. Que vous soyez chrétien pratiquant ou non, cette méditation vous aidera à vous connecter avec votre nature compatissante.

Avantages

- Présente le christianisme
- Favorise l'humilité
- Aide à comprendre l'idée de salut

Jésus a vécu en Palestine entre l'an 1 et l'an 33. Le nom "Jésus" vient du nom hébraïque "Josué" (Yéchoua). Considéré en même temps Dieu et humain, il est la seconde composante de la Sainte Trinité, formée de Dieu le Père, Dieu le Fils et Dieu le Saint-Esprit. Sa mère était la Vierge Marie. Il est mort sur la croix pour racheter les péchés des êtres humains, puis a ressuscité et est monté aux cieux.

Méditation

Quand

Essayez cette méditation si vous voulez comprendre la signification du sacrifice dans votre vie.

Préparation

Lisez le Nouveau Testament.

Pratique

1 Asseyez-vous sur un coussin ou sur une chaise dans votre espace de méditation. Méditez sur votre respiration pendant 5 minutes pour calmer et centrer le mental.

2 Rappelez-vous l'histoire de Jésus Christ. Contemplez Son sacrifice par amour pour les humains qui vivaient dans le péché et l'illusion. Imaginez Son désir d'éliminer la souffrance. Pensez à la façon dont Il a incarné la compassion, le pardon, l'amour et le sacrifice.

3 Pensez à votre vie et à la manière de vivre conformément à l'exemple de Jésus-Christ. Comment pouvez-vous sacrifier vos besoins et votre confort pour soulager la souffrance d'autrui ? Par exemple, êtes-vous disponible pour les membres de votre famille et leurs besoins ? Comment pouvez-vous rendre la vie plus facile à vos collègues de travail ? Êtes-vous capable de pardonner les autres et de ne pas porter de jugement ? Contemplez les qualités du Christ et la manière de les développer dans votre propre vie.

4 Méditez sur le pardon et le salut. Comprenez que vous avez l'occasion de vous pardonner et de recommencer à zéro, si négatif que vous ayez pu être.

5 Achevez votre méditation en revenant à l'observation de votre respiration pendant 5 minutes.

LES QUATRE NOBLES VÉRITÉS

Les Quatre Nobles Vérités ont été énoncées lors du premier sermon de Bouddha prononcé après son illumination. Elles décrivent la voie bouddhique essentielle.

Avantages

- Présente la voie bouddhique
- Conçoit le divin en tant que bouddhéité
- Indique un moyen de soulager la souffrance

Les Quatre Nobles Vérités sont l'impermanence, la souffrance, la vacuité, l'altruisme. La souffrance est universelle, pour supprimer la souffrance il faut en supprimer la cause, autrement dit se libérer de l'attachement, de la colère et de l'ignorance, donc suivre la Voie du milieu (l'Octuple sentier).

Méditation

Quand

Essayez cette méditation si vous êtes intéressé par la voie spirituelle bouddhique.

Préparation

Lisez des textes sur le bouddhisme.

Pratique

1 Asseyez-vous sur un coussin ou sur une chaise dans votre espace de méditation. Méditez en observant votre respiration pendant 5 minutes.

2 Méditez sur l'universalité de la souffrance. Il y a la souffrance matérielle : maladie, douleur, détresse. Il y a la souffrance du changement : toutes les bonnes choses, si merveilleuses soient-elles, y compris votre vie, ont une fin. Il y a la souffrance qui imprègne tout : vous risquez de souffrir à tout instant. Globalement, cette vérité parle de notre insatisfaction chronique.

3 Contemplez la seconde vérité. La colère est l'une des principales causes du mal, qui a des conséquences karmiques. L'attachement maintient dans le *samsara*

cyclique au fil de vos tentatives échouées de soulager votre souffrance. Votre ignorance pose problème parce que vous ne comprenez pas les autres ou la réalité.

4 Pensez à la troisième vérité : la cessation de la souffrance et l'atteinte de la paix du nirvana. En changeant votre mode de pensée, vous y parviendrez.

5 Contemplez la quatrième vérité : l'Octuple sentier aboutit au nirvana. Cette voie est la pensée juste, l'action juste, les moyens d'existence justes, la compréhension juste, l'effort juste, la parole juste, l'attention juste et la concentration juste.

6 Achevez votre méditation en revoyant les Quatre Nobles Vérités.

SAINT FRANÇOIS D'ASSISE

Saint François est né en 1182 dans une famille très riche, dans la petite ville italienne d'Assise. Malgré sa fortune, il a décidé de consacrer sa vie à Dieu et s'est rendu célèbre par son amour des animaux, des malheureux et des exclus.

Avantages

- Présente un saint catholique
- Fait connaître une belle prière à Dieu
- Favorise l'amour et la compassion

Saint François allait de village en village en prêchant l'amour de Dieu. Son prêche de gentillesse et d'amour a conquis toute l'Europe. Il a fini par fonder l'ordre des Frères mendiants ou Franciscains, dont les membres font vœux de pauvreté, de chasteté, d'amour et d'obéissance. Cette méditation est basée sur la contemplation de la célèbre prière de saint François.

Méditation

Quand

Méditez sur la prière de saint François au début et à la fin de la journée.

Préparation

Lisez la prière à haute voix.

Pratique

1 Asseyez-vous sur un coussin ou sur une chaise dans votre espace de méditation.

2 Récitez la prière de saint François d'Assise et méditez sur sa signification pour vous.

Ô, Seigneur, fais de moi un instrument de Ta paix !
Là où il y a de la haine, laisse-moi semer de l'amour,
Là où il y a une blessure, le pardon,
Là où il y a de la discorde, l'harmonie,
Là où il y a du doute, la foi,
Là où il y a du désespoir, l'espoir
Là où il y a l'obscurité, la lumière, et
Là où il y a du chagrin, la joie.
Ô, Maître divin, sois assuré que je ne cherche pas tant
à être consolé qu'à consoler,
à être compris qu'à comprendre,
à être aimé qu'à aimer,
car c'est en donnant que nous recevons,
en pardonnant que nous sommes pardonnés,
et en mourant que nous naissons à la vie éternelle.

LA SAGESSE DE LA KABBALE

La Kabbale, forme de mystique juive, enseigne la méditation en tant qu'expérience directe de Dieu. Les techniques kabbalistiques incluent la visualisation du Nom divin et la méditation sur les mots sacrés et les lettres sacrées.

Avantages

- Présente le mysticisme juif
- Aide à se connecter avec Dieu
- Aide à comprendre sa propre place dans l'univers

Cette méditation est basée sur le mot hébreu "*Chema*", signifiant "Écoute", le premier de la profession de foi fondamentale du judaïsme, l'affirmation de l'existence d'un Dieu unique.

Méditation

Quand

Pratiquez cette méditation le matin, pour commencer la journée.

Préparation

Si possible, apprenez davantage sur la Kabbale.

Pratique

1 Asseyez-vous sur un coussin ou sur une chaise dans votre espace de méditation. Respirez profondément pendant quelques minutes pour calmer, centrer et focaliser le corps et le mental.

2 Inspirez silencieusement, et expirez en faisant "chhh". Inspirez de nouveau en silence et expirez en faisant "mmm". Répétez ce processus pendant 5 minutes, vous plongeant de plus en plus dans un état méditatif.

3 À partir de cet état calme et focalisé, commencez à méditer sur certains principes de la Kabbale. Considérez qu'un Être Infini est la source de toute existence.

4 Comprenez que le but de votre vie est de devenir un avec cet Être Infini en vivant une vie morale et spirituelle. Vous devez être compatissant, parce que vous ne faites qu'un avec l'ensemble de l'humanité. Réalisez que vous êtes un microcosme de toute la création, fait à l'image du Divin.

5 Achevez votre séance en répétant la méditation sur le "*Chema*" aussi longtemps que vous en avez envie.

LA VOIE SOUFIE

Le soufisme est la dimension intérieure, mystique, spirituelle, de l'Islam, apparue autour du IXe siècle. Les soufis visent à arriver à un état d'ouverture ou d'illumination en union avec Dieu.

Avantages

- Présente le soufisme
- Favorise l'union mystique avec Dieu
- Aide à s'abandonner à l'amour de Dieu

Pour le soufisme, le mental est "le tueur du réel", car il sépare de la vérité spirituelle qui se trouve uniquement dans le cœur. La vérité est tenue pour un état d'unité avec Dieu, au-delà de la dualité du mental. Vous méditez en apaisant votre mental et en vous concentrant sur Dieu, comme si vous étiez un amoureux en quête de sa bien-aimée.

Méditation

Quand

Pratiquez cette méditation de bonne heure le matin.

Préparation

Pensez à ce que l'abandon à l'amour de Dieu signifie pour vous.

Pratique

1 Asseyez-vous sur un coussin ou sur une chaise dans votre espace de méditation. Respirez profondément pendant quelques minutes pour vous relaxer et vous préparer à méditer.

2 Concentrez-vous sur votre cœur et la région de votre *chakra* du cœur situé au niveau du sternum. Concentrez-vous sur quelqu'un que vous aimez, un membre de la famille, un amoureux, un ami. Percevez les sentiments qui émergent, chaleur, douceur, gentillesse, tendresse, sensation de paix ou de silence. Vous pouvez avoir mal au cœur, éprouver une douleur ou une perte. Immergez-vous dans ce sentiment et essayez de vous intégrer totalement dans l'amour de votre cœur.

3 Les pensées envahissent vos sentiments. Les souvenirs sont déclenchés. Les images émergent dans votre esprit. Imaginez que vous plongez chaque pensée dans votre amour. Avec de la pratique, toutes vos pensées disparaîtront et vous resterez immergé dans vos sentiments d'amour.

4 Pour finir, pratiquez cette méditation avec Dieu en tant qu'objet d'amour. Approchez-Le comme un amoureux désirant ardemment sa bien-aimée.

MAÎTRE SPIRITUEL

Les maîtres spirituels existent dans toutes les traditions. Il est important de choisir son maître avec sagesse. Cette méditation vous guidera vers le maître approprié qui vous aidera à arriver au divin.

Avantages

- Aide à comprendre la relation maître-disciple
- Aide à évaluer les qualités d'un maître
- Charge en énergie le disciple

Les bouddhistes tibétains conseillent de passer plusieurs années à évaluer un maître potentiel. C'est probablement un bon conseil quelle que soit la tradition, chrétienne, bouddhique, hindouiste, New Age. Ne faites pas l'erreur de croire qu'un maître répondra de votre vie. En dernière analyse, la responsabilité de votre développement spirituel n'incombe qu'à vous.

Méditation

Quand

Essayez cette méditation si vous pensez à choisir un maître spirituel.

Pratique

1 Asseyez-vous sur un coussin ou sur une chaise dans votre espace de méditation. Respirez profondément pour relaxer votre corps et centrer votre mental.

2 Demandez-vous pourquoi vous cherchez un maître spirituel ou un gourou. Que voulez-vous apprendre et pourquoi pensez-vous avoir besoin d'un ? Demandez-vous si vous avez les qualités suivantes : esprit ouvert, intelligence, mental critique, curiosité incitant à questionner votre maître. Voulez-vous vous développer spirituellement, pas seulement intellectuellement ?

3 Demandez-vous si votre maître potentiel a des qualités morales et éthiques, s'il ne fait pas de mal aux autres. Est-il

Préparation

Notez par écrit les raisons pour lesquelles vous désirez trouver un maître spirituel ou un gourou.

capable de se concentrer ? Est-il altruiste ? L'amour et la compassion sont-elles les principales motivations de son enseignement ? A-t-il atteint les niveaux les plus élevés de votre tradition ? A-t-il énormément d'énergie et d'enthousiasme pour enseigner ? Est-il très érudit ? Est-il plus développé spirituellement que vous ? Communique-t-il bien ? En dernier, a-t-il laissé de côté la déception suscitée par ses disciples ?

4 Passez du temps à contempler les qualités énumérées ci-dessus. Votre maître potentiel n'a pas à avoir toutes ces qualités, bien que les cinq premières soient les plus importantes.

LA VOIE TAOÏSTE

Le taoïsme fait partie des trois grandes religions de Chine, les deux autres étant le confucianisme et le bouddhisme.
Lao-tseu (604–531 AV. J.-C.), auteur du *Tao Te Ching*, est tenu pour son fondateur.

Avantages

- Présente la pensée taoïste
- Favorise la paix et la sérénité
- Connecte avec la nature

Lao-tseu a posé les bases d'une philosophie et d'un mode de vie paisible et en harmonie avec la nature. Le taoïsme a influencé l'acuponcture, la médecine holistique, la méditation et les arts martiaux comme le taï chi et le chi kung. Le symbole taoïste yin/yang montre deux formes recourbées dans un cercle, l'une sombre l'autre claire, chacune contenant une parcelle de l'autre. Il incarne les forces duelles, lumière et obscurité, masculin et féminin.

Méditation

Quand

Quand vous voulez vous sentir plus en harmonie avec la nature et vos semblables.

Préparation

Trouvez une rivière ou un ruisseau.

Pratique

1 Asseyez-vous ou restez debout près d'une rivière ou d'un ruisseau, dans un endroit où vous ne serez pas dérangé. Respirez profondément pendant quelques minutes pour apaiser et centrer le mental.

2 Observez comment l'eau coule par-dessous ou autour des pierres ou des racines des arbres. Contemplez à quel point la vie est plus harmonieuse quand vous ne lui résistez pas. Le terme taoïste *wu-wei* signifie "sans forcer", autrement dit nager avec le courant, renoncer à gagner pour accomplir des objectifs supérieurs.

3 Contemplez vos sentiments quand vous tentez de faire arriver quelque chose selon vos désirs. Même si vous obtenez ce que vous voulez, comment vous sentez-vous en étant en conflit et en compétition avec les autres ? Est-ce là la meilleure approche pour toutes les personnes impliquées ?

4 *Wu-wei* est une approche de la vie qui observe l'énergie de la nature et le comportement humain et choisit la manière la plus harmonieuse de les gérer. Observez le ruisseau et la façon dont l'eau coule en choisissant la voie de la moindre résistance. Comment pouvez-vous utiliser cette sagesse de la nature pour rendre votre vie et la vie de ceux qui vous entourent plus paisibles et plus harmonieuses ?

LA VOIE DE LA WICCA

Wicca est une religion néo-païenne apparue au Royaume-Uni vers 1940, qui s'est répandue par la suite dans toute l'Europe, au Canada et aux États-Unis. Elle est vaguement basée sur les symboles, les croyances et les divinités des anciennes sociétés celtiques et druidiques.

Avantages

- Présente la Wicca
- Favorise la connexion avec nature
- Présente l'esprit-guide animal

La plupart des praticiens de la Wicca croient en une forme masculine et une forme féminine de Dieu. Certains sont polythéistes. Beaucoup choisissent un totem animal qui sert d'esprit-guide dans la vie quotidienne. Cette méditation vous fera connaître votre totem animal.

Méditation

Quand

Pratiquez cette méditation quand vous êtes ouvert à l'idée d'avoir un esprit-guide ou un totem animal .

Préparation

Jetez un coup d'œil à un livre traitant de la nature, illustré de belles photos animalières. Regardez celles qui vous attirent. Faites attention à vos rêves pendant une semaine pour voir si un animal particulier y apparaît.

Pratique

1 Asseyez-vous sur un coussin ou sur une chaise dans votre espace de méditation. Fermez les yeux, gardez le dos droit.

2 Imaginez-vous dans un grand champ. Au loin, vous apercevez des montagnes, vers lesquelles vous vous mettez en marche. Vous arrivez à l'entrée d'une grotte. Une torche est là, vous la prenez et pénétrez dans la caverne. La lampe éclaire l'intérieur sec et chaud. Vous percevez une présence inoffensive. Par curiosité, vous avancez plus loin.

3 Vous levez la lampe et regardez l'être qui est là – c'est votre totem animal. Est-il un ours, un chien, un lièvre, un cheval, un lion ? Parlez-lui et laissez-le vous parler à son tour. Demandez ce qu'il peut vous enseigner et la manière dont vous pouvez intégrer ses directions dans votre vie quotidienne. Si vous le voulez, demandez conseil à propos d'un problème spécifique vous concernant.

4 Inclinez-vous devant votre nouveau guide animal. Demandez-lui son nom. Offrez-lui un présent et acceptez le sien en retour. Demandez-lui d'être toujours là pour vous en cas de besoin. Inclinez-vous de nouveau avant de partir. Remettez la torche là où vous l'avez trouvée. Regardez derrière vous pour mémorisez l'emplacement précis de la grotte afin de pouvoir revenir quand vous le désirez.

SE RECONNECTER AU DIVIN

Si vous avez abandonné votre vie spirituelle et vous sentez maintenant quelque peu perdu et désorienté, cette méditation vous aidera à vous reconnecter avec le divin.

Avantages

- Aide à choisir une voie spirituelle

- Facilite la reconnexion avec le divin

- Encourage à prendre son temps

Méditation

Quand

Essayez cette méditation si vous voulez vous reconnecter avec votre spiritualité.

Préparation

Rédigez une brève autobiographie spirituelle.

Pratique

1 Asseyez-vous sur un coussin ou sur une chaise dans votre espace de méditation. Respirez profondément pour détendre et clarifier votre mental. Demandez à Dieu ou à votre pouvoir supérieur de se joindre à vous dans cette méditation. Vous risquez de vous sentir mal à l'aise ou de culpabiliser pour l'avoir écarté de votre vie pendant si longtemps. Rappelez-vous que le divin est tout amour et compassion. En

Vous apparteniez à un moment à une église ou une communauté religieuse et vous l'aviez quittée pour une quelconque raison, suite à un conflit de personnalité ou parce que vous n'étiez plus à l'aise avec les doctrines et les principes de cette foi. Le temps est passé et vous n'êtes pas sûr de savoir où commencer ou de la voie appropriée. Vous savez seulement que vous désirez vous reconnecter avec Dieu ou avec votre pouvoir supérieur. Cette méditation vous aidera à décider de ce que vous désirez faire.

faisant appel à son aide, vous l'obtiendrez.

2 Lisez votre autobiographie spirituelle à Dieu ou à votre pouvoir supérieur. Demandez que votre relation soit renouvelée. Demandez sa direction pour rétablir cette connexion. Restez tranquillement assis et demandez que cela arrive.

3 Si vous vous sentez bien, demandez de l'aide pour choisir une nouvelle voie spirituelle ou pour revenir à l'ancienne. Laissez-lui le temps d'émerger. Restez assis et ouvrez votre cœur à l'idée de rejoindre une communauté.

4 Achevez votre méditation en remerciant Dieu ou votre pouvoir supérieur d'être de nouveau entré dans votre vie.

PRIÈRE DIRECTE

Lors d'une prière directe, vous demandez à Dieu ou à votre pouvoir supérieur quelque chose de précis. Vous pouvez utiliser des affirmations. Cette forme de prière est un puissant outil de guérison.

Avantages

- Aide à se concentrer sur l'objet de la prière

- Utilise la visualisation et l'intention

- Favorise la guérison

Vous connaissez probablement bien ce genre de prière, où vous implorez Dieu ou un pouvoir supérieur que quelque chose de spécifique arrive. Par exemple, si un proche souffre de cancer, vous pouvez demander à Dieu de le guérir en éliminant ses cellules cancéreuses. Vous pouvez aussi visualiser ce processus.

Méditation

Quand

Pratiquez la prière directe quand vous voulez obtenir un résultat précis de Dieu ou de votre pouvoir supérieur.

Préparation

Déterminez si vous voulez prier pour qu'une chose vous arrive à vous ou arrive à une autre personne.

Pratique

1 Asseyez-vous sur un coussin ou sur une chaise dans votre espace de méditation ou, si vous préférez, agenouillez-vous en prière.

2 Pensez à ce pourquoi vous voulez prier. Soyez précis. Si vous voulez prier pour votre guérison, demandez à Dieu ou à votre pouvoir supérieur de vous rendre la santé. Par exemple, si vous souffrez d'un déséquilibre thyroïdien, priez pour que vos médicaments agissent et que vous vous sentiez de nouveau bien.

3 Priez Dieu du fond de votre cœur. Visualisez votre maladie disparaître grâce à l'amour divin et à son intervention. Voyez vos médicaments agir dans votre sang, en modifiant vos hormones et en stimulant votre thyroïde fatiguée.

4 Pratiquez cette prière directe tous les jours jusqu'à ce que vous éprouviez une amélioration quelconque. Quand cela arrive, remerciez Dieu ou votre pouvoir supérieur pour son intervention gentille.

PRIÈRE INDIRECTE

La prière indirecte est flexible. Bien qu'elle soit adressée à Dieu ou à votre pouvoir supérieur, elle ne demande pas un résultat spécifique ou la réalisation d'un objectif.

Avantages

- Offre une alternative à la prière directe
- Présente une forme puissante de prière
- Montre le pouvoir du mental

Méditation

Quand

À tout moment.

Préparation

Soyez ouvert et réceptif au pouvoir de la prière dans votre vie.

Pratique

1 Asseyez-vous sur un coussin ou sur une chaise dans votre espace de méditation. Méditez sur votre respiration pendant 5 minutes pour calmer et centrer votre mental.

2 Pensez à une personne, que vous aimeriez aider par la prière, vous-même ou quelqu'un

La prière indirecte agit par affirmations et intentions : "Que cela arrive", "Laissez les choses se passer". Ce faisant, vous vous alignez avec le Mental divin. Considérez les résultats désirés comme un fait accompli, mais ne spécifiez pas comment y parvenir.

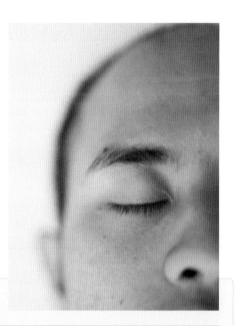

d'autre. Pensez au problème que vous aimeriez attaquer, par exemple, une urticaire dont les causes ne sont pas connues.

3 Générez un sentiment d'amour et de compassion pour vous-même et les autres. Demandez à Dieu ou à votre pouvoir supérieur de rétablir votre équilibre selon son désir, quel qu'il soit. Au lieu de demander un résultat spécifique visualisé et défini par vous, priez pour la manifestation des meilleurs principes, modèles et conditions dans cette situation particulière. Demandez qu'ils soient en accord avec la volonté divine et pour le bien de tous.

4 Pratiquez cette prière indirecte tous les jours jusqu'à ce que votre état ou la situation s'améliore.

PRÉSENCE DIVINE

Vous pouvez avoir l'impression que Dieu ou le Divin est absent – priez pour qu'il se fasse connaître. Néanmoins, Dieu, le Divin ou le Sacré, quel que soit le nom que vous lui donner, est présent à tous les instants.

Avantages

- Met au défi la notion que Dieu est absent
- Encourage l'idée que toute vie est une partie du Sacré
- Aide à reconnaître l'énergie divine

Le Divin est présent sous la forme d'une énergie qui vous soutient. Le voyage spirituel est souvent tenu pour la purification de l'illusion. L'une des grandes illusions de notre époque est le matérialisme ou une vision qui limite la réalité seulement à ce qui peut être perçu par les sens. Cette méditation vous aidera à raviver votre réalité par la présence du Sacré.

Méditation

Quand

Quand vous voulez reconnaître la présence divine dans votre vie.

Préparation

Explorez votre compréhension de la sacralité de toute réalité.

Pratique

1 Asseyez-vous sur un coussin ou sur une chaise dans votre espace de méditation. Respirez profondément pendant quelques minutes pour focaliser et centrer votre mental.

2 Demandez que Dieu ou le divin soit avec vous. Rendez-vous compte, en demandant, que le divin est présent sans cesse. Méditez sur l'idée que le divin est avec vous à tout instant et que vous n'avez pas en fait besoin de l'invoquer. Cette demande le fait entrer dans votre conscience, afin que vous n'oubliiez pas, dans la vie ordinaire, qu'il demeure en vous.

3 Contemplez l'idée que Dieu ou le divin demeure dans toute la création. L'énergie divine anime l'univers, de la particule la plus infime à l'espace infini. On ne peut pas la voir à l'œil nu – seules la méditation et la prière dévoilent la véritable nature de la sacralité de toute réalité. Pensez que c'est la sagesse sacrée révélée dans les traditions mystiques de Moïse, de Jésus Christ, de Mohammed et de Bouddha.

4 Engagez-vous à revivifier votre vie en reconnaissant la présence divine.

LA DANSE DE SHIVA

Méditez sur le symbolisme de la danse cosmique du dieu hindou Shiva et comprenez le fonctionnement de l'univers. Contemplez la danse de création, de conservation et de destruction de Shiva pour apprendre que votre monde est réellement sacré.

Avantages

- Présente le dieu hindou Shiva

- Fait connaître les qualités de Shiva

- Aide à se débarrasser de ce qui est devenu obsolète

Shiva est souvent représenté avec quatre bras, en train de danser dans un cercle de feu. C'est le troisième personnage de la triade hindouiste formée par Brahma le créateur, Vishnu le conservateur et Shiva le destructeur. La destruction provoquée par Shiva permet la nouvelle création positive. Par exemple, pour créer une nouvelle statue, un sculpteur peut faire fondre des vieux morceaux de métal.

Méditation

Quand

Essayez cette méditation si vous devez vous débarrasser d'idées, de relations ou d'activités qui ne vous sont plus nécessaires.

Préparation

Trouvez une image de Shiva.

Pratique

1 Asseyez-vous sur un coussin ou sur une chaise dans votre espace de méditation. Respirez profondément pendant quelques minutes pour relaxer et centrer votre mental.

2 Visualisez Shiva dansant dans son cercle de feu. Contemplez la qualité dynamique de la vie et l'importance de la destruction dans le cycle de la vie. Souvenez-vous que toute vie est en constant mouvement, comme Shiva en train d'exécuter sa danse cosmique. Relaxez-vous dans l'idée que tout est changement, que rien n'est statique ou fixe.

3 Pensez à votre passé et à la manière dont ce que vous avez eu a changé.

Par exemple, vous avez eu une voiture qui est maintenant devenue du métal recyclé. Pensez aux relations qui ont fini par la mort ou la séparation. Rappelez-vous comment de nouvelles relations, idées et réalités sont entrées dans votre vie.

4 Pensez à une chose dont vous devez vous débarrasser – idée, travail, relation, attitude. Contemplez la danse de Shiva pour saisir la qualité dynamique de votre vie et "détruire" ce qui n'est plus positif afin de "créer" et de "conserver" ce qui est utile, à vous et à l'univers..

5 Achevez votre méditation en visualisant laisser aller ce qui ne sert plus.

DIEU PERSONNEL CONTRE RÉALITÉ MYSTIQUE

Le judaïsme, le christianisme et l'Islam ont développé l'idée d'un Dieu personnel, qui a aidé d'innombrables croyants à mûrir spirituellement en tant qu'êtres humains. Cependant, l'idée d'un Dieu personnel peut aussi inciter à porter des jugements, à condamner et à justifier le mal fait aux autres.

Avantages

- Aide à éviter les écueils religieux
- Encourage la contemplation de la signification du divin
- Favorise la maturité spirituelle

Chacune des trois religions monothéistes énumérées ci-dessus a développé une tradition mystique qui considère Dieu comme le symbole d'une réalité impossible à décrire. Cette méditation vous aide à explorer votre compréhension du divin sur votre propre voie spirituelle.

Méditation

Quand

Essayez cette méditation quand vous désirez explorer votre compréhension du divin.

Préparation

Notez par écrit ce que le divin signifie pour vous.

Pratique

1 Asseyez-vous sur un coussin ou sur une chaise dans votre espace de méditation. Méditez sur votre respiration pendant 5 minutes.

2 Pensez à votre compréhension de Dieu ou du divin, que vous soyez athée, agnostique, bouddhiste, hindouiste ou pratiquant de l'une des trois religions monothéistes énumérées précédemment – judaïsme, christianisme ou Islam.

3 Pour vous, Dieu est-il un symbole des réalités mystiques ou un Dieu personnel avec des qualités humaines comme les vôtres ? Avez-vous l'impression d'incarner le "potentiel divin", comme dans la tradition bouddhique de l'illumination ? Ou avez-vous l'impression d'être distinct de Dieu ? Pensez-vous pouvoir fusionner avec Dieu dans la prière ? Si vous ne croyez pas en un Dieu personnel, connaissez-vous une autre forme de pouvoir supérieur, de compréhension mystique de la réalité ou une autre façon de comprendre le divin ?

4 Pensez-vous que "Dieu est de votre côté" et contre les autres ? Pensez-vous que c'est un problème ? Votre Dieu est-il un Dieu vengeur ? Si c'est le cas, pensez aux aspects négatifs de cette attitude pour vous-même et pour les autres.

5 Continuez à méditer sur ces questions pendant plusieurs séances. Analysez à fond votre notion du divin. Il n'y a pas là des réponses justes ou erronées et ce n'est pas mal de ne pas savoir exactement ce que vous pensez. Le principal est de poser les questions et leur répondre de votre mieux.

GLOSSAIRE

AMATERASU. Déesse du Soleil du Japon et divinité suprême du shintoïsme, particulièrement révérée lors du solstice d'hiver, lorsque le soleil revient.

AVALOKITEÇVARA. Divinité bouddhique tibétaine tenue pour l'incarnation de la nature compatissante de tous les bouddhas.

BODHISATTVA. Personne dotée d'une profonde compassion qui, en ayant atteint l'illumination, retarde son entrée au nirvana pour aider ses semblables à faire de même.

BRAHMA. Dieu créateur, le premier de la trinité hindoue, souvent représenté avec quatre têtes regardant les quatre coins du monde.

BOUDDHA. Littéralement "l'Éveillé". C'est la forme illuminée de Siddhartha Gautama, appelé aussi Shakyamuni, né en 563 AV. J.-C., fondateur/créateur du bouddhisme en tant que pratique spirituelle. Un bouddha est aussi une personne ayant atteint l'illumination et libérée de tous les types de négativité.

CHAKRA. Terme sanskrit signifiant "roue". Tant les hindouistes que les bouddhistes pensent que le corps comporte sept chakras principaux (centres énergétiques subtils), le long de la colonne vertébrale. Ils peuvent être "ouverts" à travers certains mouvements physiques et techniques psychiques/mentales/spirituelles pour libérer l'énergie et l'utiliser.

DERVICHE. Membre de la secte musulmane turque des soufis, qui pratique une danse tourbillonnante pour atteindre l'extase religieuse et se connecter à Allah.

FEMME ARAIGNÉE. Divinité féminine des tribus amérindiennes Hopi/ Navajo, tenue pour la force féminine de toute la création. Elle maintient l'unité de la création dans sa toile qui lie toutes les choses et tous les êtres.

IZANAGI. Dieu shintoïste japonais, père des îles et des ivinités, dont la mère est sa sœur Izanami.

KABBALE. Le mot hébreu "kaballah" signifie "tradition" et se réfère à la communication entre Dieu et Moïse. La Kabbale est un type de mystique juive qui place l'accent sur le symbolisme des mots et des nombres.

KINHIN. Forme de méditation en marchant pratiquée par les bouddhistes zen, intercalée souvent entre de longues périodes de méditation assise.

KOUAN YIN. Considérée comme l'une des plus importantes et aimées divinités chinoises bouddhiques. Expression vivante de la compassion, elle est assimilée à l'Avalokiteçvara tibétaine, à la Kannon japonaise et à Tara, aspect féminin du Bouddha tibétain.

MALA. Chapelet bouddhique de 108 grains servant à la répétition des mantras.

MANDALA. Dessin circulaire symbolisant l'individu, le cosmos ou l'environnement d'une divinité.

MANI. Abréviation de *"Om Mani Padme Hum"*, célèbre mantra tibétain signifiant littéralement "Regardez ! Le joyau dans le lotus". On enseigne que chaque syllabe purifie la souffrance dans les six domaines de l'existence. *"Om"* purifie la fierté, *"Ma"*, la jalousie, *"Ni"*, le désir, *"Pa"*, la stupidité, *"Me"*, la possessivité et *"Hum"* la haine.

MANTRA. Syllabe ou séquence de syllabes sacrées répétée plusieurs fois au cours de la méditation afin de protéger le mental de la négativité et le connecter avec l'existence illuminée. L'un des plus connus est le mantra sacré *"Om"*.

MÉRIDIENS. Canaux énergétiques dans le corps pour lesquels circule le *"chi"*, l'énergie vitale. Pour traiter diverses maladies, les acuponcteurs chinois utilisent quelque 2 000 points situés sur les 12 méridiens principaux.

NIRVANA. Terme sanskrit signifiant "extinction", la libération du cycle sans fin de renaissance et de souffrance, un état de paix.

SAMSARA. Pour le bouddhisme, l'existence des êtres ordinaires, caractérisée par la renaissance constante dans l'un ou l'autre des six domaines de l'existence. Le *samsara* est caractérisé par la souffrance et l'insatisfaction.

SAVASANA. Posture de yoga appelée aussi le "cadavre", utilisée pour la relaxation profonde.

SHAKTI. Conjointe de Shiva, énergie féminine divine, l'énergie créatrice perçue comme une divinité féminine par l'hindouisme.

SHIVA. Aspect destructeur de la trinité divine hindouiste.

SUSANOO. Dieu shintoïste japonais de la mer et des orages, au tempérament violent. Frère de la déesse du Soleil, Amaterasu.

TARA. Bodhisattva féminin de compassion, particulièrement vénérée par les bouddhistes tibétains. Elle a fait le vœu de perpétuer activement la propagation de l'illumination jusqu'à ce que tous les êtres soient éveillés. Elle s'est aussi engagée à ne renaître que sous forme de femme jusqu'à ce que tous les êtres soient éveillés.

TING-SHA. Deux minces cymbales, qui sont frappées l'une contre l'autre pour produire un son argenté. Les bouddhistes s'en servent pour purifier un espace de l'énergie négative, ainsi que pour commencer et finir une séance de méditation.

TONGLEN. Signifie "donner et recevoir". Dans cette pratique bouddhique tibétaine, on inspire la souffrance et la douleur des autres et on expire amour et compassion. La pratique vise à accroître la compassion, ainsi qu'à détruire le moi égoïste du pratiquant.

UZUME. Déesse shintoïste japonaise de la gaieté qui a fait sortir la déesse du Soleil Amaterasu de sa grotte par des danses extravagantes et des blagues paillardes.

VISHNU. L'un des dieux de la trinité hindoue, le gardien de l'univers, qui équilibre tout ce qui existe.

ZABUTON. Coussin rectangulaire placé sous le coussin de méditation pour protéger les chevilles et les genoux.

INDEX

REMERCIEMENTS

AKG, London/Jean-Louis Nou 174. **Bridgeman Art Library, London/New York**/British Museum, Londres, G.B., 362. **Corbis UK Ltd**/98, 158, 288, 300, 382 ; /Alen Macweeney 154 ; /Ariel Skelley 206 ; /Arte & Immagini srl 356 ; /Bob Krist 286 ; /Charles & Josette Lenars 188 ; /Christie's Images 354 ; /David Martinez 209 ; /Elio Ciol 360 ; /Franco Vogt 144 ; /Jose Luis Pelaez 352 ; /Justin Hutchinson 117 ; /L. Clarke 170 ; /NASA 131 ; /Owen Franken 366 ; /Richard Cummins 350 ; /Roy McMahon 84 ; /Ted Streshinsky 380 ; /Tom Stewart 124 ; /W. Wayne Lockwood, M.D. 319 ; /Yoshitoshi 343. **Eye Ubiquitous** 316. **Getty Images** 38-39, 112, 147, 161, 182, 187, 205, 218, 232, 234, 236, 242, 252, 258, 280, 282, 292, 294, 326, 338, 378 ; /Adastra 308 ;/Peter Adams 312 ; /Daniel Allan 320 ; /Ty Allison 268 ; /Paul & Lindamarie Ambrose 88 ; /Ross Anania 290 ; /Jim Arbogast 254 ; /David Ash

330 ; /Martin Barraud 8 ; /Nancy Brown 250 ; /Buccina Studios 32 ; /Burke/Triolo Productions 162 ; /Paul S Conrath 102 ; /Neil Emmerson 118 ; /David Epperson 9 ; /Andrew Errington 128 ; /Grant Faint 212 ; /Adam Friedberg 231 ; /Todd Gipstein 97 ; /Tim Hall 12 ; /Jason Hawkes 202 ; /Gavin Hellier 264 ; /Hisham F Ibrahim 68-69 ; /Gavriel Jecan 226 ; /Michael Krasowitz 192 ; /John Lamb 217 ; /Sanna Lindberg 18 ; /Ghislain & Marie David de Lossy 86 ; /Manchan 240 ; /Ebby May 374 ; /Patti McConville 180 ; /Ian Mckinnell 72 ; /Rob Meinychuk 107 ; /George F Mobley 239 ; /Jen Petreshock 314 ; /Jurgen Reisch 260 ; /Rick Rusing 150 ; /David Sacks 256 ; /Ellen Schuster 74 ; /Stephen Simpson 220 ; /Jeff Spielman 285 ; /Szczepaniak 94 ; /Mequmi Takamura 28 ; /Alan Thornton 149 ; /Andrew Bret Wallis 140 ; /Jeremy Woodhouse 132-133. **Octopus Publishing Group Limited** 2, 4, 6-7, 11, 15, 16, 20-21, 26, 27, 30-31, 33, 34-35, 36 Haut, 36 Bas, 40-41, 43, 51, 52-53, 54, 56, 61, 63, 64, 66, 70, 76-77, 78, 79, 82, 100, 104-105, 108, 111, 114-115, 120, 122, 127, 139, 143, 152, 156, 164, 166, 169, 178, 184, 190, 194-195, 198, 200, 210, 214, 222, 224, 228, 249, 262, 266, 271, 272, 274, 276, 278, 296, 299, 302, 304, 307, 310, 322, 324, 328, 332, 334, 336, 341, 344, 347, 358, 364, 368, 370, 373, 377 ; /Walter Gardiner 23 ; /Ian Parsons 1, 14, 29, 58, 348 ; /Peter Pugh-Cook 244 ; /Ian Wallace 25, 246. **Science Photo Library**/Garion Hutchings 196. **The Picture Desk Ltd**/The Art Archive/Collection privée, Paris/Dagli Orti 176.

Rédacteur exécutif Brenda Rosen
Directeur d'édition Clare Churly
Rédacteur exécutif artistique Sally Bond
Concepteur Pia Ingham for Cobalt Id
Iconographie Jennifer Veall
Directeur de production Louise Hall